www.tredition.de

Wassili Jungblut

Hochzeitsplaner
"Rette deine Hochzeit"

Ein Hochzeitsprofi spricht endlich Klartext!

www.tredition.de

© 2016 Wassili Jungblut

Verlag: tredition GmbH, Hamburg

ISBN
Paperback: 978-3-7345-6747-6

Printed in Germany

Das Werk, einschließlich seiner Teile, ist urheberrechtlich geschützt. Jede Verwertung ist ohne Zustimmung des Verlages und des Autors unzulässig. Dies gilt insbesondere für die elektronische oder sonstige Vervielfältigung, Übersetzung, Verbreitung und öffentliche Zugänglichmachung.

Inhaltsverzeichnis

Vorwort 8
Über mich und warum ich ein echter Hochzeitsprofi bin 9
Warum dieses Buch geschrieben werden musste 10
Vom Hochzeits-Blog zum ehrlichen Ratgeber 12
Mein Ziel für alle Dienstleister der Hochzeitsbranche 14

1. Wir heiraten! Auf geht's in die Planung! 15
Nehmt euch Zeit! 16
Begrenztes Budget? Umso cleverer haushalten! 18
Es ist EURE Hochzeit! 23
Der Tag hat 24 Stunden – verplant nicht jede Minute! 26
Die Gästeliste – drum prüfet, wen ihr an euch bindet 30

2. Wer suchet, der findet 37
Der passende Rahmen für euer Fest: die Location 37
Worauf Ihr bei einer Location außerdem achten solltet 45
Kleider machen Brautleute 49
Die Braut, die sich was traute 50
Der Bräutigam 60

3. Der Style – alles rund um den Brautschopf 64
1. Pünktlichkeit 71
2. Mobile Ausstattung 72
3. Die Qualität der Kosmetikprodukte 74
4. Das menschliche Miteinander 75

5. Ist eine Typberatung im Angebot? 76
6. Referenzbilder 76
7. Kosmetika fürs Erste-Hilfe-Täschchen 77

4. Großes Kino: die kirchliche Trauung 79

Die Wahl der Kirche 81
Es werde Licht – die Helligkeit des Kirchenraums 82
Durch diese hohle Gasse werden sie kommen – die Breite des Mittelgangs 83
Alles eine Frage der sorgfältigen Absprache 84
Bitte Lächeln – die Sache mit den Fotos 86
Es kann nur einen geben 87
Der Einzug in Bild und Ton 89
Der Auszug 90

5. Das Auge feiert mit – die Dekoration 92

6. Hinter dem Mikro – von echten Rampensäuen und Mauerblümchen 98

Music is in the air 102
Im Flow bleiben 106
Kein Gläschen zu viel 106

7. Liebe geht durch den Magen – das Catering 108

Das Auge isst nur mit 108
Die Hygiene 111
Die Arbeitskleidung 112
Die Bewirtung der anderen Dienstleister 113

8. Die Dinge aus meiner Sicht betrachtet – Der Fotograf .. 117
Danksagung 119

Vorwort

Er hat gefragt – sie hat ja gesagt. Und nun kann es losgehen mit der Planung des perfekten Tages. Die eigene Hochzeit zu planen, ist so aufregend, so romantisch … und kann doch leider an allen Ecken und Enden schiefgehen und zur totalen Enttäuschung werden, ohne dass das Brautpaar so recht weiß, woran es gelegen hat. Woher ich das weiß? Glaubt mir, ich habe so einige Hochzeiten erlebt!

Über mich und warum ich ein echter Hochzeitsprofi bin

Darf ich mich vorstellen? Mein Name ist Wassili Jungblut. Ich wurde 1984 in Kirgisien geboren. Im Alter von acht Jahren kam ich mit meiner Familie nach Deutschland, das bis heute meine Heimat geblieben ist.

Bereits im jungen Alter von 19 Jahren faszinierte mich die Fotografie. Und da es ein besonderes Privileg ist, Menschen an ihrem schönsten Tag im Bild einzufangen und der Erinnerung damit einen Rahmen zu geben, widmete ich mich bevorzugt der Hochzeitsfotografie. Zunächst betrieb ich diese nur als Hobby, doch wenn man etwas richtig gut kann und mit Leidenschaft verfolgt, liegt es nahe, aus der Passion eine Profession zu machen. Daher lernte ich diesen Traumberuf „richtig" und absolvierte eine Ausbildung in Hochzeitsfotografie und -videografie in Frankfurt. Das habe ich nie bereut. Seit nunmehr einem ganzen Jahrzehnt bin ich mit meinem Team von You&Me Photography and Videography als Hochzeitsfotograf und Videograf auf dem Markt tätig.

Mehr als 500 Hochzeiten durfte ich in meinem Beruf schon erleben: Große und pompöse Feste, kleine, besondere Feiern, gut organisierte und absolut chaotische. Es gibt nichts, was nicht schon dabei gewesen wäre. Auch Hochzeitsfeiern der unterschiedlichsten Nationalitäten wie türkisch, deutsch, italienisch, jüdisch und russisch habe ich bereits in Bild und Ton festgehalten. Dieser Erfahrungsschatz ist sehr kostbar, denn nur mit der notwendigen Berufserfahrung bin ich jeder noch so unerwarteten Situation gewachsen. Gleichzeitig ist keine Hochzeit wie die andere, und „Fließband"-Aufnahmen sind das letzte, was ich abliefern würde. Die besondere Kunst besteht darin, die Einzigartigkeit eines jeden Festes einzufangen, auf die besonderen Wünsche und Vorstellungen des Paares einzugehen und gleichzeitig den Aufnahmen meine persönliche Note zu verleihen. Damit mir dieses gelingt, bereite ich mich auf jede Hochzeit sehr intensiv vor.

Diese sorgfältige Planung umfasst natürlich nur meinen eigenen Bereich. Doch es gibt viele weitere Aspekte einer Hochzeit, die zu deren Gelingen beitragen.

Warum dieses Buch geschrieben werden musste

Idee und Ziel dieses Buches ist nicht die Vorstellung meiner eigenen Arbeit, sondern es zielt gerade auf die Aspekte ab, die sich meinem Einfluss entziehen – und an denen es oft hapert, einfach, weil den Brautleuten die notwendige Erfahrung fehlt.

Wenn ich nach getaner Arbeit nach Hause fahre, lasse ich in der Regel die eben erlebte Hochzeit Revue passieren. Ich habe beides schon erlebt: absolut fantastische Feste und solche, die misslungen waren. Bei Letzteren habe ich im Nachgang immer sehr zwiespältige Gefühle. Einerseits bin ich jedes Mal stolz darauf, dass es unserem Team wieder gelungen ist, uns an die besonderen Gegebenheiten zu hundert Prozent anzupassen und dem

Brautpaar wundervolle Aufnahmen zur Verfügung stellen zu können, die die Stimmung des Tages perfekt einfangen.

Gleichzeitig bin ich jedoch auch wütend und traurig darüber, dass die Unerfahrenheit und oftmals schlechte Vorbereitung der Brautpaare und die mangelnde Beratung seitens der jeweiligen Dienstleister wieder zu einer mittleren bis größeren Katastrophe auf der Hochzeit geführt haben. Schließlich gibt es für diesen großen Tag keine zweite Chance. Mir tut es jedes Mal unfassbar Leid zu wissen, dass an diesem Tag so vieles schiefgelaufen ist, nur weil niemand dem Brautpaar in der Vorbereitungsphase geholfen hat. Schon seit einigen Jahren verfolgt mich nach einem solchen Tag der Gedanke bis in den Schlaf hinein: Jemand sollte Brautpaare rechtzeitig aufklären, Klartext mit ihnen reden, sie regelrecht wachrütteln und nicht mit blumigem Hochzeitsgesülze wissentlich um viel Geld bringen, das an anderer Stelle viel besser investiert worden wäre.

Wer könnte dies besser als jemand wie ich: jemand, der unzählige Hochzeiten erlebt hat, gelungene und misslungene, und von neutraler, aber professioneller Warte aus beurteilen mag, woran es im Einzelnen scheiterte oder was im Gegenzug andere Brautpaare richtig gemacht haben.

Es sind im Grunde nur wenige Dinge, die ihr bei der Planung eurer Hochzeit wissen und vor allen Dingen beachten solltet. Aber gerade diese wenigen Dinge sind elementar wichtig.

Vom Hochzeits-Blog zum ehrlichen Ratgeber

Nach der Erkenntnis, dass ich zukünftigen Brautpaaren so einige leidvolle Erfahrung ersparen kann, war der erste Schritt zur Ersten Hochzeitshilfe ein Blog auf meiner Homepage. Hier habe ich zahlreiche wichtige Tipps für Brautpaare zusammengetragen. Der Erfolg gab mir Recht: Viele Paare haben sich diese Tipps und Anregungen zu Herzen genommen und in ihrer eigenen Hochzeitsplanung umgesetzt. Dadurch konnten viele Fehler auf der Hochzeit vermieden werden, was mich heute noch froh stimmt. Daher war es eine wichtige Entscheidung, im nächsten Zug dieses Buch zu schreiben.

Doch seid gewarnt – ich werfe ganz sicher nicht mit weißen Hochzeitswattebällchen und komme mit dem üblichen Zuckerguss daher, der das Hochzeitspathos umgibt. In meinem Buch nehme ich kein Blatt vor den Mund und sage euch die ungeschminkte Wahrheit, selbst wenn ihr zunächst meint, sie nicht hören bzw. lesen zu wollen. Vor allen Dingen wird es so manche Dienstleister in eurem Beratungsumfeld geben, die mit dieser ungeschminkten Wahrheit nur schwer umgehen können. Warum? Weil ich leider die traurige Erfahrung gemacht habe, dass ein Großteil der Hochzeitsdienstleister nicht wirklich in dieses Metier gehört. Es geht ihnen nur ums schnelle Geld. Wo Hochzeit draufsteht, darf kräftig abkassiert werden. Und dies nutzen viele leider aus. Im Gegenzug erhalten die Brautpaare für das viele Geld eine oft miserable Leistung. Das passt zu einer „Garagenhochzeit", doch wenn ihr wirklich euren perfekten Traumtag planen wollt, habt ihr mehr verdient als das.

Auch für so manches Brautpaar werden meine Worte unangenehm sein. Denn meine Erfahrung lehrt mich auch, dass viele Brautpaare zwar von einer Traumhochzeit träumen, selbst aber zu faul und zu bequem sind, um die eigene Hochzeit anständig zu planen und die Angebote, die es in dieser Branche zu Hauf gibt, sorgfältig zu hinterfragen. Die Folge: Sie verlassen sich auf inkompetente Dienstleister und wundern sich später über das schlechte Ergebnis.

Mein Ziel ist es natürlich nicht, die Branche durch den Kakao zu ziehen und Brautpaare zu verunsichern. Vielmehr möchte ich euch einfach wachrütteln und dazu bewegen, einzelne Angebote genauer unter die Lupe zu nehmen und die richtigen, professionellen Dienstleister von den faulen Eiern zu unterscheiden. Meine Erfahrung soll euch dabei helfen zu erkennen, dass ihr gerade in der Hochzeitsplanung nicht an der falschen Stelle sparen, sondern auf professionelle Dienstleister setzen solltet, die selbst scheinbar nebensächliche Details beachten, die unbemerkt zu einer größeren Katastrophe hätten führen können, und die in der Lage sind, am Tag des Tages auch einzugreifen und zu handeln, wenn etwas nicht wie geplant läuft. Ihr könnt nun einmal nicht den ganzen Tag minutiös planen und damit ausschließen, dass keine Pannen geschehen. Pannen sind leider nur zu menschlich, und es gibt äußere Umstände, Krankheiten etc. was ihr einfach nicht planen könnt. Aber ihr könnt auf ein kompetentes Team setzen, das selbst bei unerwarteten Situationen dafür sorgt, dass alles reibungslos verläuft.

Mein Ziel für alle Dienstleister der Hochzeitsbranche

Es ist noch kein Meister vom Himmel gefallen. Das bin ich auch nicht. Nur jahrelange Erfahrung und ständige Selbstreflexion haben mir so manche Erkenntnis gebracht. Daher ist mein Ziel auch, anderen Dienstleistern, gerade wenn sie noch nicht so lange im Geschäft sind, die Missstände aufzuzeigen in der Hoffnung, dass sie ihre Arbeit nach der Lektüre dieses Buchs reflektieren und – wenn nötig – Verbesserungen vornehmen. Professionalität verträgt keinen Stillstand. Dienstleister, die zu faul sind, sich ständig fortzubilden, in Bewegung zu bleiben und mit der Zeit zu gehen, sind wie eine tickende Zeitbombe – die vielleicht gerade bei eurer Hochzeit hochgeht. Wer sich selbst und seinen Kunden dies nicht antun möchte, wird durch dieses Buch umso mehr dazu motiviert, sich in seinem Bereich stetig weiterzuentwickeln.

Tatsache ist: Es gibt sehr viele kompetente und zuverlässige Dienstleister aus allen Bereichen in ganz Deutschland. Diese verfügen über die Erfahrung und das Wissen, welche nötig sind, um jede Hochzeit auf ihre Weise und in dem jeweiligen Bereich perfekt werden zu lassen. Davon könnt ihr nur profitieren.

Mit diesem Buch wünsche ich mir, jedes Brautpaar in Deutschland zu erreichen. Das ist meine Mission. Ich möchte ihnen die Ängste vor dem Hochzeitstag nehmen, ihnen Planungssicherheit geben und damit auch die Möglichkeit, sich uneingeschränkt auf den großen, besonderen Tag zu freuen. An dieser Stelle wird es für mich auch unvermeidbar sein, Dinge anzusprechen, über die die Hochzeitsbranche im Allgemeinen gerne das Mäntelchen des Schweigens legt.

1. Wir heiraten! Auf geht's in die Planung!

Mit Feuereifer machen sich die meisten Brautpaare an die Planung ihres besonderen Tages. Die Erwartungen, die mit dem Ereignis verknüpft sind, sind in der Regel enorm: Dies soll ein einzigartiger Tag werden, nicht nur der schönste im Leben des Brautpaares, sondern auch für alle anwesenden Gäste. Gleichzeitig haben die wenigsten wirkliche Erfahrung mit der Planung eines solchen Events. Fehler und Pannen sind vorprogrammiert. Hinzu kommt die Tatsache, dass die persönlichen Erwartungen an die eigene Hochzeit riesig sind, das Budget jedoch in vielen Fällen für die Erfüllung aller Wünsche nicht ausreicht.

Wenn das Hochzeitsfest dann nicht so gelingt wie erhofft, ist die Enttäuschung umso größer. Wenn ich mir als Außenstehender ansehe, wie blauäugig manche an die Planung ihrer Hochzeit gehen, kann ich nur den Kopf schütteln. Von meiner Seite aus hätte so manches Desaster leicht vermieden werden können.

Nehmt euch Zeit!

Es ist eine Erfahrung, die ich leider sehr häufig gemacht habe: Viele Brautpaare beginnen quasi auf dem letzten Drücker mit der Hochzeitsplanung. Das allein versetzt sie in unnötigen Stress. Wer so verspätet in die Planung geht, kann nur noch die Dienstleister für die verschiedenen Sparten verpflichten, die gerade noch zu haben sind. Zunächst mag man sich dann glücklich schätzen, überhaupt noch welche bekommen zu haben. Doch ob diese dann auch gut sind, lässt sich kaum mehr überprüfen. Qualität wird damit zweitrangig. Einzelne Aspekte, die es dabei zu beachten gilt, geraten in den Hintergrund und werden häufig nicht ernst genommen. Auch die Zeit, die es braucht, um eine schöne Hochzeit auf die Beine zu stellen, wird nicht selten unterschätzt. Und so begegnen mir oft Brautpaare, die davon ausgehen, innerhalb von drei bis vier Monaten ihre Traumhochzeit realisieren zu können.

Den schönsten Tag des Lebens kann kaum jemand in aller Eile planen. Wichtig ist also, sich für die Planungsphase ausreichend Zeit zu nehmen. Größtenteils hängt das Gelingen des Festtages mit der Wahl der richtigen Dienstleister zusammen. Gute Fotografen, Videokünstler, Musiker und andere „gute Feen", die euren Tag zum perfekten Fest werden lassen, sind meist schon bis zu einem Jahr im Voraus ausgebucht. Zwar kann die zweite Wahl durchaus auch noch ein Treffer sein, doch zu viele Kompromisse führen letzten Endes dazu, dass alles nicht so recht wird, wie ihr es euch vorgestellt habt.

Daher lautet mein Tipp: Plant ruhig circa 1,5 Jahre Vorbereitungszeit ein. Auch wenn die Ungeduld groß ist und ihr eure Hochzeit am liebsten bereits in wenigen Wochen feiern möchtet, empfiehlt es sich, zum Zeitpunkt der Verlobung einen Termin für den großen Tag auszuwählen, der weit genug in der Zukunft liegt. So habt ihr ausreichend Zeit, euch nach den richtigen Dienstleistern umzusehen, Gespräche zu führen, Fachausstellungen und Hochzeitsmessen zu besuchen und euch von der Qualität der angebotenen Serviceleistungen zu überzeugen. Die besten Dienstleister werden zu diesem Zeitpunkt wahrscheinlich noch verfügbar sein. Und in der Wahl der passenden Location seid ihr mit einem Vorlauf von 1,5 Jahren auch noch gut im Rennen.

Ist ein Dienstleister frühzeitig ausgebucht, ist dies schon mal ein gutes Zeichen. Qualität spricht sich rum. Natürlich gibt es noch viele andere, die ebenfalls gut zu sein scheinen. Und vielleicht sind diese sogar noch etwas günstiger. Aber Vorsicht: Was wenig kostet, ist häufig auch wenig wert, und wer nur wenige Monate vor dem geplanten Termin noch verfügbar ist und darüber hinaus auch noch mit niedrigen Honoraren lockt, ist mehr als verdächtig.

Nicht traurig sein, wenn ich euch nun eine so lange Vorbereitungszeit in Aussicht stelle. Letzten Endes vergeht die Zeit im Planungsfieber wie im Flug. Darüber hinaus steigert die längere Vorbereitungszeit auch die Vorfreude, und an eine längere Vorbereitungszeit werdet ihr euch im Nachhinein umso liebevoller und bewusster erinnern. Denkt daran: Zeit ist wichtig, um die eigenen Gedanken sammeln zu können und herauszufinden, wie eure Hochzeit für euch persönlich aussehen muss. Nur so lässt sich eine ganz individuelle Feier kreieren.

Begrenztes Budget? Umso cleverer haushalten!

Kaum jemand hat ein unbegrenztes Vermögen zur Verfügung, um die perfekte Traumhochzeit feiern zu können. Dies bedeutet unweigerlich, dass im Hinblick auf die Realisierung der Wünsche und Vorstellungen an einigen Stellen Abstriche gemacht werden müssen.

Es ist ein merkwürdiges, leider jedoch häufiges Phänomen, dass Paare ihr begrenztes Budget in solchen Fällen in die falschen Dinge investieren. Viele legen den Schwerpunkt auf eine aufwändige Dekoration, den Blumenschmuck in der Kirche oder das Hochzeitsauto – wenn sie nicht gleich die Kutsche mit den weißen Pferden bevorzugen. Für so manchen Dienstleister wie den Hochzeitsfotografen ist oft dann nur noch ein Restbudget übrig. Das ist insofern merkwürdig, als eine genauere Betrachtung eigentlich offenlegt, dass die Prioritäten hier falsch gesetzt werden.

Warum sparen so viele Brautpaare an der falschen Stelle wie eben z. B. am Hochzeitsfotografen? Dies liegt wahrscheinlich daran, dass diejenigen, die sich mit Fotografie noch nie beschäftigt haben, keine genaue

Vorstellung davon besitzen, wie viel Professionalität dazu gehört, um schöne Hochzeitsbilder entstehen zu lassen. Es sieht ja später alles immer so ganz einfach aus, und für den Beobachter scheinen es immer nur wenige Knipse zu sein, die zum Ziel führen. Da kommt schnell der Gedanke auf: „Fotografieren kann eigentlich jeder!" Dass dem nicht so ist, weiß nicht nur ich als echter Profi, sondern das ist leider auch eine Lektion, die viele Brautpaare schmerzhaft lernen müssen. Nicht selten kommen Brautleute im Nachhinein mit der Bitte auf uns zu, ihre Hochzeitsbilder neu zu bearbeiten, Korrekturen und Retuschen vorzunehmen oder ihr vorliegendes Hochzeitsvideo neu zu schneiden, da der gebuchte Foto- und Videograf das Ganze entweder nicht professionell ausgeführt hatte oder weil dem Brautpaar nur unbearbeitetes Rohmaterial zur Verfügung gestellt wurde. Dann hören wir immer die gleiche Aussage: „Hätten wir doch...!" Ja, hätten sie nur. Zwar können wir später durch unsere Nachbearbeitung immer noch ein wenig retten, doch professionelles Fotografieren mit einer guten Ausrüstung und dem notwendigen Know-how sind leider unersetzlich.

Bedenkt bei der Budgetplanung immer, wie wichtig der einzelne Faktor im Nachhinein wirklich ist. Natürlich macht eine tolle Dekoration einiges her. Doch die schönsten Blumen oder die kostbarste Tischdeko sind wirklich nur diesen einen Tag und für nur wenige Stunden im Einsatz. Und: So schade das vielleicht ist, aber für so manches Detail fehlt dem Gast im entscheidenden Moment ohnehin der Blick. Auch der schicke Brautwagen oder die Kutsche kosten ein kleines Vermögen, werden aber nur für eine kurze Zeit genutzt.

Was bleibt, sind die Erinnerungen an einen besonderen Tag – und hoffentlich zahlreiche Fotos oder sogar eine Videoaufnahme.

Traut dem professionellen Rat eines Fotografen: Die Bilder, die an jenem Tag von euch geschossen werden, bleiben euch ein ganzes Leben lang. Mit dem Betrachten der Fotos kehrt die Erinnerung immer wieder zurück und mit ihr der Zauber dieses Tages. Überlegt euch gut, wo ihr eure Prioritäten setzt. Alles ist nicht möglich. Will bzw. muss das Brautpaar sparen, ist eine teure Limousine für beispielsweise 900 Euro für gerade mal einen halben Tag verschwendetes Geld – insbesondere, wenn man berücksichtigt, dass ihr die Limousine im Schnitt tatsächlich nur 45 Minuten nutzen werdet, während sie die restlichen 5 Stunden irgendwo herumsteht. Gleiches gilt für das pompöse Feuerwerk für 2.000 Euro, welches nur wenige Minuten andauert. Dafür lohnt es sich jedoch immer, in einen guten und vor allen Dingen professionellen Foto- und Videografen zu investieren, der sein Fach versteht, die optimale Belichtung auswählt, die besondere Stimmung dieses Tages einfängt und damit eine wunderbare Dokumentation eures Hochzeitstages erschafft, über die ihr euch ein ganzes Leben lang freuen und die ihr sogar den Enkelkindern noch zeigen könnt.

Nun ist es für den Otto-Normal-Heiratenden sicher schwierig abzuwägen, welches die relevanten Dinge sind, und wo sie den einen oder anderen Euro sparen könnten.

Ich empfehle euch eine Prioritätenliste zu schreiben, auf der ihr Punkt für Punkt einzelne Dienstleistungen aufführt und sie danach sortiert, welchen bleibenden Wert sie letzten Endes für euch haben. Objektiv betrachtet, sollte es eigentlich ein Leichtes sein zu unterscheiden, dass Fotos und ein Video etwa euch ein ganzes Leben lang begleiten, während euch der Blumenschmuck in zehn oder zwanzig Jahren völlig egal sein wird.

Wenig romantisch, aber leider ein wichtiger Aspekt einer jeden Hochzeitsplanung ist die Finanzierung. Ja, über Geld spricht man nun einmal nicht, erst recht nicht, wenn es um Liebe geht. Doch um eine echte Traumhochzeit zu feiern – so wie man das im allgemeinen Sinne versteht – braucht man leider Geld. Oftmals horrend viel Geld. Ich finde es immer wieder erschreckend zu erfahren, dass es nicht wenige Paare gibt, die extra einen Kredit aufnehmen, um die Hochzeitsfeier auszurichten. Sie haben die Hoffnung, die Feier mittels der Geldgeschenke ihrer Gäste refinanzieren zu können. Erschreckend ist dies insofern, als ich aus meiner Erfahrung sagen kann, dass ein Kredit in Höhe von 20.000 bis 25.000 Euro schier unmöglich durch Geldgeschenke zurückzuzahlen ist.

Von einem solchen Kredit kann ich daher nur abraten. Oft sind Brautpaare bereits im Vorfeld angespannt, weil die ständige Angst im Hintergrund steht, das Geld nicht zusammenzubekommen. Und gerade dann räumt man dem Geld doch genau den übergeordneten Stellenwert ein, den es bei einer romantischen Hochzeit nicht haben sollte. Möchtet ihr euch bei der Planung eures schönsten

Tags im Leben wirklich permanent fragen, ob genügend Geld zusammenkommen wird, um das Fest auch finanzieren zu können? Große Hochzeiten rechnen sich meistens eher nicht. Wenn überhaupt, ist es eher bei den kleinen Festen möglich, das Fest durch Geldgeschenke zu finanzieren, weil bei diesen Feiern eher Familienmitglieder und enge Freunde eingeladen sind, die auch entsprechend mehr schenken. Bei großen Festen lädt man doch eher auch Bekannte, Kollegen und nicht ganz so enge Freunde ein, deren Geschenke ganz bestimmt nicht die Kosten decken.

Und da die Finanzierung durch Geldgeschenke eben meistens nicht funktionieren kann, starten viele Brautpaare mit einem Schuldenberg in die Ehe. Schulden, die sie über Jahre hinweg zurückzahlen müssen, nur wegen dieses einen Tags. Das zermürbt, weckt unter Umständen sogar Existenzängste. Nicht ohne Grund scheitern viele Ehen am Thema Geld. Wer will denn schon so negativ ins gemeinsame Glück starten?

Nun wähnen sich viele Paare im Glück, weil sie zwar selbst das Kapital für die gewünschte Hochzeitsfeier nicht aufbringen können, dafür aber spendable Eltern haben, die sich an der Finanzierung der Hochzeit beteiligen oder sogar die gesamte Feier bezahlen. Gerade bei südländischen Familien ist dies Gang und Gäbe. Dieses Glück, keinen Kredit aufnehmen zu müssen und trotzdem auch ohne Eigenkapital ein tolles Fest feiern zu können, hat aber auch durchaus seine Schattenseite. Denn meistens ist es so, dass Eltern, die die Hochzeit ihrer

Kinder finanzieren, wesentlich an der Hochzeitsplanung und damit an allen Entscheidungen beteiligt werden wollen. Im schlimmsten Fall treffen die Eltern alle Entscheidungen, laden die Gäste ein (auch die, die auf EURE Hochzeit eigentlich gar nicht gehören) und wählen die Dienstleister aus. Ich erlebe häufig, dass dies dem Brautpaar aufstößt und es mit den Ergebnissen eigentlich gar nicht glücklich ist. Aber was soll man schon machen? Wer zahlt, entscheidet, und viele Brautpaare trauen sich nicht, sich hier durchzusetzen. Ergebnis: Es ist nicht euer Fest, wie ihr es euch wünscht, es ist das Fest eurer Eltern.

Ihr seht, am Thema Geld zerbricht so manches Hochzeitsglück, daher kann ich nur allen Brautpaaren raten, die Hochzeit selbst zu finanzieren. Ist das notwendige Kleingeld nicht vorhanden, plant lieber etwas kleiner oder spart eben ein, zwei Jahre länger. Dafür wird das dann aber auch *eure* Hochzeit sein, die ihr ohne Anspannung genießen könnt und die ihr ganz nach euren alleinigen Wünschen ausrichtet.

Es ist EURE Hochzeit!

Damit wären wir beim nächsten Thema. Dass dies eure Hochzeit ist, muss man euch eigentlich nicht sagen. Doch viele Paare vergessen dies scheinbar im Laufe ihrer Vorbereitung. Ich beobachte immer wieder, dass es Brautpaare gibt, die die Hochzeit in erster Linie nicht für sich selbst veranstalten, sondern für ihre Gäste.

Die Großmutter erwartet ein schmalziges „Ave Maria" in der Kirche, für die beste Freundin muss ein Brautstraußwerfen organisiert werden, da die kleinen Nichten sich schon so lange darauf freuen, werden sie Blumenmädchen, obwohl die Braut eigentlich gar nicht so einen pompösen Einzug wollte. Blumenschmuck und Tischdeko werden mit dem ständigen Hintergedanken organisiert: Wie wird es den Gästen gefallen? Wirkt das edel genug? Sehen sie, dass wir keine Kosten und Mühen gescheut haben? Da gerade in südlichen Ländern Gastgeschenke erwartet werden, investieren viele Brautpaare auch hier so einige Euro. Geld, das ihnen an anderer Stelle fehlt.

Bei all diesen Überlegungen vergessen viele, dass es gar nicht darauf ankommt, was die anderen denken. Der Wahnsinn ging einmal sogar so weit, dass sich eine Braut kurz vor der Hochzeit panisch fragte, ob ihre frisch gefärbten Haare auch wirklich zum Rotton der Rosen auf den Tischen passten.

Wie viel Spaß macht eine Hochzeitsplanung da noch, wenn ihr ständig überlegen müsst, was dieser oder jener Gast von euch erwartet? Die Wahrheit ist: Ihr könnt es ohnehin nicht allen Recht machen. Es wird so oder so immer irgendjemanden geben, der die Feier zu pompös oder zu schlicht, die Musik nicht tanzbar oder die Blumendeko scheußlich findet. Das muss euch einfach egal sein. Setzt euch nicht unter Druck, anderen zu gefallen. Im Gegenteil: Ständig im Kopf zu haben, was andere wollen, führt dazu, dass die Hochzeit zum üblichen Einheitsbrei wird. Ich höre immer wieder die gleichen Lesungen, die gleichen Lieder, die gleichen Spiele. Weder der obligatorische Walzer darf fehlen, noch die typische Hochzeitstorte um Mitternacht. Es ist immer wieder dasselbe. Dadurch wird eure Hochzeit nicht individuell. Und am Ende habt ihr eine Hochzeit gefeiert, die im Grunde gar nicht die eurige war. Und gemeckert wird trotzdem.

Mein Tipp an dieser Stelle: Achtet auf eure eigenen Bedürfnisse. Es ist euer Tag, da geht es nur um euch beide. Setzt euch zu zweit an einen Tisch und überlegt, was ihr beide euch wünscht, unabhängig davon, was andere gerne hätten und was „man halt immer so macht".

Das mag zunächst anstrengend klingen, zumindest, wenn ihr vor der Aufgabe steht, der Oma, den Eltern, der Schwester, den Freunden etc. zu verklickern, dass ihr eben nicht mit dem Strom schwimmt und eine Hochzeit feiert, bei der nicht alles nach dem vertrauten Schema F abläuft. Aber glaubt mir: Ist diese eine Hürde erst einmal genommen, könnt ihr eure Hochzeit umso freudiger und entspannter planen und habt am Ende dann garantiert ein ganz persönliches, individuelles Fest, das in Erinnerung bleibt: einzig und allein EURE Hochzeit.

Der Tag hat 24 Stunden – verplant nicht jede Minute!

In die wenigen Stunden, die ein Hochzeitstag so bietet, wollen viele Brautpaare so viel wie möglich reinpacken. Damit das auch alles passt, muss natürlich alles minutiös geplant werden. Ich sage euch ganz ehrlich: Wenn ihr anfangt, alles zu takten und den Tag vom Sonnenaufgang bis zum Sonnenuntergang durchzuplanen, wird das Fest mit größter Wahrscheinlichkeit rückblickend eine Enttäuschung für euch sein.

Oh ja, ich habe das als Hochzeitsfotograf unzählige Male verfolgen können, wie es läuft. Da steht die Braut bereits um 5:00 Uhr auf der Matte, um Friseur und Visagist an sich heranzulassen. Oft hat sie die Nacht umständlich irgendwo anders verbracht, damit der Bräutigam sie nicht vor der Hochzeit sieht. Bis zum Standesamt und/oder der kirchlichen Trauung ist Stress pur angesagt. Mehr noch bei einer russischen oder türkischen Hochzeit, bei der der traditionelle Freikauf der Braut vor der Hochzeit noch absolviert werden soll. Hierbei handelt es sich um eine uralte Tradition, deren Sinn früher darin bestand, die Braut zu erkaufen. Im europäischen Raum ist diese Tradition längst veraltet, viele kennen den Sinn, der hinter ihr steht, gar nicht mehr. Nach der Trauung jagt das Brautpaar in einem relativ knappen Zeitfenster zum Fotoshooting. Beeilung ist angesagt, schließlich warten bereits irgendwo die gelangweilten Gäste.

Besonders stressig wird es, wenn dann auch noch die Feier komplett durchorganisiert ist. Und irgendwo dazwischen sollen die Tauben fliegen gelassen werden, der obligatorische Holzstamm wird gesägt, irgendwer muss natürlich noch ein Betttuch zum Schneiden parat haben (ihr wisst schon, durch das der Bräutigam seine Braut noch trägt, nachdem beide mit Nagelscheren ihr Herz ausgeschnitten haben), Luftballons werden fliegen gelassen, es gibt einen Schleiertanz, eine Strumpfbandversteigerung, den Brautstraußwurf, den Verkauf der Hochzeitszeitung, mindestens das Kutscherspiel und weitere typische Hochzeitsspiele, ein Gästebuch, die Brautentführung und, und, und … Liest sich das jetzt stressig? Dann stellt euch mal vor, wie stressig es erst wird, wenn ihr das alles an einem Tag auch ERLEDIGEN wollt.

Die Folge: Das Brautpaar ist bereits gegen Mittag müde und erschöpft. Wenn dann auch noch die kleinste Kleinigkeit schiefgeht, kommt es nicht selten vor, dass die Braut in Tränen ausbricht oder der Bräutigam entnervt an der Theke endet. Und rückblickend werdet ihr euch fragen, ob das wirklich der Tag war, den ihr als den schönsten eures Lebens bezeichnen würdet.

Ich rate jedem Brautpaar, sich Zeit zu nehmen, den Tag auch wirklich mit Freuden und den Gästen genießen zu können. Es ist euer Fest, ihr wollt und sollt es feiern, nicht einfach an euch vorbeirauschen lassen auf der Jagd nach der Erfüllung des nächsten Programmpunktes. Es gibt viel zu viele, die im Nachhinein sagen, dass sie sich nicht recht an die Feier erinnern können, weil sie ununterbrochen beschäftigt waren. Manche Brautpaare fragen ihre Gäste später, wie denn die Stimmung war, weil sie selbst allenfalls körperlich auf der Hochzeit anwesend waren, aber so eingespannt, dass sie nichts wirklich wahrnehmen konnten. Ist das nicht unfassbar traurig? Was nützt es euch, wenn ihr später einmal sagen könnt: Ja, wir hatten Tauben, die in den Himmel flogen, aber wir wissen beim besten Willen nicht mehr, was wir in diesem Moment empfunden haben. Wir waren zu gestresst, weil wir ja noch zum Fotoshooting mussten.

Nehmt euch weniger Programm vor und überlegt euch im Vorfeld, was euch wirklich wichtig ist, und worauf ihr auch verzichten könnt. Es muss nicht alles in das Programm hinein, was „man" so macht. Beschränkt euch lieber auf ausgewählte Aktionen und liebevolle Details, für die ihr euch aber dann auch Zeit nehmt.

Die standesamtliche Trauung am gleichen Tag wie die kirchliche Hochzeit stattfinden zu lassen, würde ich niemals empfehlen. Es bietet sich sogar an, diese beiden wichtigen Tage nicht mal direkt hintereinander zu legen. Feiert erst die standesamtliche Trauung in Ruhe und lasst diesen Tag ganz entspannt ausklingen. Wenn ihr am nächsten Tag frei habt – und damit meine ich vollständig frei – könnt ihr frühestens am übernächsten Tag umso entspannter in die kirchliche Hochzeit und damit in der Regel in das eigentliche Fest starten. Im besten Fall liegen meiner Meinung nach standesamtliche und kirchliche Trauung drei Tage auseinander. So könnt ihr euch am Tag nach dem Standesamt ausruhen und diesen ersten Meilenstein Revue passieren lassen. Am nächsten Tag habt ihr dann genügend Zeit, um eventuell noch kleine Vorbereitungen für die kirchliche Trauung zu treffen.

Versucht euren Tag so zu organisieren, dass ihr am Morgen eurer Hochzeit völlig relaxed seid. Schlaft ruhig etwas länger, frühstückt in Ruhe. Ist die Hochzeit im vollen Gange, solltet ihr Zeit und Muße haben, eure Feier bewusst zu erleben. Nur so könnt ihr das Fest genießen und euch selbst Zeit und Raum lassen, um Freude zu empfinden und den Tag ganz bewusst wahrzunehmen.

Um herrliche Hochzeitsbilder zu bekommen, ist es wichtig, dass sich Fotograf und Brautleute ausreichend Zeit nehmen. Stress, Zeitdruck und Anspannung merkt man dem Paar leider nur zu deutlich an. „Hingerotzte" Bilder, die mal eben zwischen Glockenschlag und Hochzeitstorte geschossen wurden, sind meist wenig individuell. Wie wäre es alternativ, das Shooting auf einen anderen Tag zu verlegen? Beispielsweise kann man durchaus ein After Wedding Shooting machen. Da hat das Brautpaar dann alle Zeit und Ruhe und wirkt meist umso entspannter und glücklicher – die beste Voraussetzung für tolle Bilder. Außerdem liefert dies der Braut doch das beste Alibi, ihr Kleid noch einmal tragen zu können...

Es gibt keine pauschale Regel, wie sich der Tag für das jeweilige Brautpaar am besten organisieren lässt. Aus meiner langjährigen Arbeit weiß ich jedoch eines ganz sicher: Die Paare, die sich weniger vorgenommen und den Tag entspannter erlebt haben, blicken später viel freudiger und liebevoller auf ihren Hochzeitstag zurück und sind in der Regel deutlich zufriedener.

Die Gästeliste – drum prüfet, wen ihr an euch bindet

Den schönsten Tag eures Lebens – diese Bezeichnung begleitet euch, wie ihr seht, die ganze Planung über – wollt ihr mit den Menschen feiern, die euch nahe stehen, richtig?

Doch in der Realität hält sich leider so manches Brautpaar nicht an diesen Vorsatz. Stattdessen wandern viel zu häufig viel zu viele Namen auf die Gästeliste und nicht selten auch die völlig falschen.

Weshalb ist das so?

Nun, meiner Erfahrung nach steht oft der falsche Vorsatz im Hintergrund. Viele Brautpaare überlegen nicht, wer ihnen wichtig ist und nahesteht, sondern entwerfen ihre Gästeliste nach zwei anderen Prinzipien: Wie bekommen wir möglichst viele Gäste zusammen und wen müssen wir unbedingt einladen, ob wir wollen oder nicht?

Ersteres ist Ursache für so manche Fehlentscheidung im Rahmen der Hochzeitsplanung. Hochzeiten dienen leider nur allzu oft dazu, andere Paare zu übertrumpfen. Jede Hochzeit soll größer, schöner und möglichst pompöser sein als alles Vorherige. Viele, viele Gäste gehören natürlich dazu. Und bei all diesen Höhenflügen vergessen manche Brautpaare, dass sie sich mit dem gewaltigen Fest oft keinen Gefallen tun.

Wie bereits erwähnt, ist eine große Gästeschar auch nicht unbedingt ein Garant für eine große Summe an Geldgeschenken. Im Gegenteil, wahrscheinlich wird sich die große Feier noch weniger rechnen und das Brautpaar zahlt drauf: für Menschen, die eigentlich auf einem persönlichen Fest nichts verloren haben.

Hinzu kommt eben Punkt zwei, nämlich, dass Brautpaare häufig gar nicht so viele Gäste einladen wollen, sich jedoch dem Druck von Eltern und Verwandten beugen. Schließlich gehört diese oder jener dazu, diese haben einen auch eingeladen und Person X wäre beleidigt, wenn sie nicht auf der Gästeliste steht. Gerade innerhalb der Verwandtschaft befürchten Eltern Streit und Unannehmlichkeiten, wenn der ein oder andere nicht eingeladen wird. Um des lieben Friedens willen lädt man also Hinz und Kunz ein und wundert sich, dass am Ende alles schiefgeht.

Ich habe durchaus Verständnis für diesen familiären Druck, schließlich läuft es in meiner eigenen Familie nicht anders. Aber als neutraler Dienstleister auf vielen Hochzeiten konnte ich so manche Katastrophe beobachten, die mit einer besser durchdachten Gästeliste hätte vermieden werden können.

Eine Hochzeit lebt niemals von dem Budget, das dafür ausgegeben wird, nicht von der Masse an Gästen oder der Exklusivität der Location. Eine Hochzeit wird immer dann als besonders schön empfunden, wenn Emotionen aufkommen, Freunde dem Brautpaar Freude bereiten und es sehr persönliche, liebevolle Momente gibt. Mal ehrlich: Wie soll es zu solchen Momenten kommen, wenn ihr mit Menschen feiert, die ihr womöglich am Tag eurer Hochzeit zum ersten Mal seht? Was könnt ihr von diesen anderes erwarten, als dass sie lediglich kommen, um sich die Bäuche vollzuschlagen und sich auf eure Kosten zu amüsieren, ohne dass es sie wirklich kümmert, wie ihr beide diesen Tag erlebt?

Gäste, die euch nicht nahestehen, sind in der Regel auch nicht die angenehmsten. Ich habe leider allzu oft erleben müssen, dass Gäste auf einer Hochzeit mehr Zeit mit Lästereien verbracht haben als mit freudiger Beteiligung. Da wird über das Essen hergezogen, über die Musikauswahl, über das Kleid der Braut und so weiter. Diese Menschen stehen euch nicht nahe, diese Menschen können sich umso weniger mit euch freuen und suchen gerne das Haar in der Suppe. Natürlich muss es nicht bei allen so sein, natürlich können am großen Tag auch entfernte Verwandte sich als sehr angenehme Gäste entpuppen, aber die Wahrscheinlichkeit, sich mit fast Fremden auch Lästerer und Nörgler an den Hochzeitstisch zu holen, ist groß. Das lehrt mich meine Erfahrung.

Und es kann leider noch viel, viel schlimmer kommen. Auseinandersetzungen zwischen Gästen, die sich nicht verstehen und eigentlich nicht zum engeren Kreis gehören, sind nicht selten. Ich habe es schon erlebt, dass es zu später Stunde zu Beleidigungen und Beschimpfungen kam. Erst recht, wenn Alkohol im Spiel ist, gibt es so manchen Eklat – bis hin zu Prügeleien. Was als imposantes Hochzeitsfest gedacht war, endete schon damit, dass der Bräutigam in eine Schlägerei mit einem angetrunkenen Gast verwickelt wurde und die Braut weinend auf der Toilette saß. Ok, das ist das Worst Case Szenario, aber leider nicht unrealistisch.

Häufig tummeln sich lustlose Gäste bei Bier und Zigarette vor dem Saal, während das Brautpaar drinnen den Hochzeitswalzer tanzt oder jemand eine Rede hält. Das ist ignorant und fühlt sich für die Beteiligten beleidigend an. Ihr wollt euch doch der Aufmerksamkeit der Geladenen sicher sein, ihr wollt diese besonderen Momente doch mit ihnen teilen. Was nützt es, wenn Cousin X oder Nachbar Y dabei rauchend vor der Halle stehen und über die langweilige Feier mosern?

Gäste, die notgedrungen auf der Gästeliste stehen, euch emotional also wenig verbunden sind, werden sich auch wenig Gedanken über das Geschenk machen. Es wird keine Geste von Herzen sein, so viel ist sicher. Da gibt es schon mal einen Umschlag mit 20 Euro, während sich eine fünfköpfige Familie dafür den Bauch vollschlägt: Ich habe sogar schon mehrmals erlebt, dass leere Umschläge geschenkt werden. Natürlich geht es euch bei eurer Hochzeit nicht um die Höhe der Geschenke. Aber ein solcher leerer Umschlag ist eine Geste dafür, wie egal ihr den Gästen seid. Hand aufs Herz: Braucht ihr so was auf eurer Hochzeitsfeier?

All diese negativen Szenarien sind natürlich nicht zu erwarten, wenn es lediglich vereinzelte Gäste sind, die ihr, aus welchem Grund auch immer, einladen musstet/wolltet. Jedoch wird es problematisch und solche Katastrophen wahrscheinlicher, wenn eure Gästeliste zu 60% aus Menschen besteht, die euch nicht nahestehen oder die ihr kaum oder sogar gar nicht kennt.

Bedenkt in einem solchen Fall, dass ihr teilweise Fremde zu einem persönlichen Anlass einladet, die in eure Privatsphäre eindringen und euch auch schaden können. Mir ist bei einer solchen Hochzeit einmal die Unglaublichkeit passiert, dass meine Uhr, die ich zum Händewaschen auf den Waschbecken der Toilette abgelegt und dort leider vergessen hatte, wenig später fort war. Jemand der Gäste muss die Uhr also einfach gestohlen haben. Selbst nachdem das Brautpaar eine öffentliche Durchsage machte und nach der Uhr fragte, meldete sich der „Finder" nicht. Meine Uhr habe ich leider nie wiedergesehen. Überlegt euch, es hätte sich auch hierbei um einen Wertgegenstand handeln können, der einem nahen Verwandten oder Freund gehört. So etwas ist für die Stimmung nicht sehr förderlich und hinterlässt einen schalen Nachgeschmack. Handtaschen und selbst die Briefumschläge mit den Geldgeschenken sind schon mehr als einmal bei solchen Feiern gestohlen worden. Das fühlt sich weder für euch noch für eure wirklich liebgewonnenen Gäste gut an.

Die falschen Gäste sind es schließlich auch immer, die lieblos und rücksichtslos mit Equipment und Ausstattungsgegenständen umgehen und so machen Schaden anrichten. Wirtschaftlichen Schaden, für den am Ende wieder das Brautpaar aufkommen muss.

Mir ist bewusst, dass ich hiermit ein Bild des Schreckens gezeichnet habe. Doch natürlich muss es so nicht laufen. Damit ihr sicher sein könnt, dass solche Katastrophen auf eurer Hochzeit nicht geschehen, rate ich euch Folgendes:

Überlegt euch gut, wen ihr auf eurer Hochzeit wirklich dabeihaben möchtet!

Das Gelingen eures Festes hängt nicht von der Anzahl der Gäste ab, sondern davon, wie nahe diese euch stehen. Hier gilt also mehr als bei allen anderen Punkten Qualität statt Quantität. Die schönsten Hochzeiten sind meiner Erfahrung nach die kleineren mit maximal 50 bis 80 Gästen, die sich alle jedoch sehr gut kennen und mögen. Nahe Verwandte und enge Freunde, das sind die Menschen, die auf eurer Gästeliste stehen sollten. Diese Menschen können viel ausgelassener und freudiger feiern, werden sich mit euch freuen und für eine gute Stimmung sorgen. Es ist ihnen auch wichtig, welches Bild sie abgeben. Enge Verwandte und Freunde betrinken sich eher nicht und reißen sich auch ansonsten zusammen. Randale, Prügeleien und Beschimpfungen sind hier nicht zu erwarten.

Wer euch wirklich mag und euch nahe steht, wird auch in Hinblick auf euer Geschenk großzügiger sein. Solche Hochzeiten refinanzieren sich also eher als die größeren Veranstaltungen. Dazu sind es die Freunde und nahen Verwandten, die sich wirklich Mühe geben, Reden und persönliche Beiträge vorbereiten, und für so manchen emotionalen Gänsehautmoment sorgen. Das sind dann die Feste, die in liebevoller Erinnerung bleiben. Es ist also eine Frage der Emotionalität, die bei Fremden einfach nicht aufkommen kann. Mit solchen Gästen könnt ihr vielmehr auf besondere Überraschungen hoffen, die euch ein Leben lang in Erinnerung sein werden.

Bei kleineren Hochzeiten ist erfahrungsgemäß die Grundstimmung viel entspannter und wohliger. Das Brautpaar hat dann auch viel eher Gelegenheit, Zeit mit jedem einzelnen Gast zu verbringen, sich im Laufe des Abends an die einzelnen Tische zu setzen und mit jedem Gast zu sprechen. Dies sind die persönlichen Augenblicke, denen ihr vielleicht im Vorfeld weniger Beachtung schenkt, die aber im Nachhinein umso wertvoller sind. Glaubt mir: Brautpaare, die diese Zeit nicht gefunden haben, bereuen das später und haben oft das Gefühl, ihre eigene Hochzeit nicht intensiv genug erlebt zu haben.

Pragmatisch gesehen: Kleinere Hochzeiten sind natürlich auch günstiger. So könnt ihr einen größeren Teil des Budgets für andere Dinge verwenden, die euch wichtig sind.

Aus Sicht des Dienstleisters sind familiär gehaltene Hochzeiten im Übrigen auch deutlich angenehmer. Ich profitiere ebenfalls von einer solchen Stimmung, denn die Gäste zeigen sich auch den Dienstleistern gegenüber bemühter und integrieren diese in die Gruppe. Fühle ich mich so umsorgt und betreut, macht die Arbeit umso größeren Spaß. Zufriedene Dienstleister garantieren euch ein noch besseres Arbeitsergebnis.

2. Wer suchet, der findet

So wenig romantisch oder spektakulär es auch klingen mag: Die Hochzeitsvorbereitungen beginnen erst einmal immer mit der Suche. Brautpaare fangen ja meist bei null an und müssen alles suchen, was sie zum Gelingen ihres Festes benötigen: eine geeignete Location zum Heiraten und eine zum Feiern, Dienstleister wie Fotografen, Musiker, Visagisten, das Outfit, die passende Deko usw. Je mehr ihr für eure Hochzeit sucht, umso mehr werdet ihr neue Themen finden, die abgehandelt werden wollen.

Dabei ist es für Laien ja gar nicht leicht, einen Anfang für ihre Suche zu finden. Woher nimmt man denn auch die Erfahrungswerte, wenn es um geeignete Lokalitäten oder um die entsprechenden Dienstleister geht? Wer nicht gerade das Glück hatte, bereits auf vielen anderen Hochzeiten in der gleichen Region eingeladen worden zu sein, steht hier bereits vor den ersten Problemen – und läuft auch Gefahr, im ersten Schritt schon schwere Planungsfehler zu begehen.

Der passende Rahmen für euer Fest: die Location

Wo soll gefeiert werden? Dies ist fast schon die grundlegendste Entscheidung. Ich mache leider immer wieder die erschreckende Erfahrung, dass Brautpaare nicht selten ihre Location aus völlig irrationalen, fast schon unsinnigen Motiven heraus auswählen. So hatte ich unlängst eine Vorbesprechung mit einem Brautpaar, welches seinen Ort für die Feier aus einem einzigen Grund ausgesucht hatte: Er lag im gleichen Ort, in dem auch die Eltern des Bräutigams lebten. Hintergrund dieser fragwürdigen Entscheidung war, dass die Eltern dem Brautpaar angeboten hatten, sich um die organisatorischen Details zu kümmern wie Aufschließen und Einlassen der Caterer und anderer Dienstleister, Abschließen etc. Damit die Eltern jedoch keinen weiteren Anfahrtsweg in Kauf nehmen mussten, lautete die einzige Bedingung für ihren Dienst, dass jene Location als Ort der Feierlichkeiten herhalten sollte, die sie bequem in wenigen Minuten erreichen konnten. Ein weiteres Kriterium konnte es leider für diesen Ort kaum geben. Tatsächlich war der Raum denkbar ungeeignet für eine Hochzeit: Der Saal war in die Jahre gekommen, muffig und unansehnlich, dazu auch viel zu klein für die geladenen Gäste. Hochzeitsfeeling kann an einem solchen Ort nicht aufkommen, da reißt die schönste Deko nichts mehr raus. Schade auch für die Bilder und Videoaufnahmen, die das Brautpaar gebucht hat, denn die Tristesse eines solchen Ortes wird sich kaum verbergen lassen.

Da stelle ich mir nicht zum ersten Mal die Frage, weshalb Paare keinen passenderen Rahmen für ihre Hochzeit wählen. Tatsächlich arbeite ich zu 60% in unpassenden Locations und finde diese Tatsache mehr als schade. Dabei können die Gründe, aus denen es zu dieser Fehlentscheidung gekommen ist, ganz unterschiedlicher Natur sein.

Manche Brautpaare entscheiden sich allein aus Kostengründen für die falsche Location. Folgen der Sparmaßnahmen sind dann häufig zu viele Gäste auf zu kleinem Raum, die genervt aufeinander hocken, sich beengt fühlen und nicht ausgelassen tanzen und feiern können. Zu kleine Räumlichkeiten lassen auch nur begrenzt Raum, sich auch mal umzusetzen und so im Laufe des Abends mit verschiedenen Gästen ins Gespräch kommen zu können. Das ist aber wichtig für das Wohlgefühl und die allgemeine Stimmung. Für Dienstleister wie mich stellen diese beengten Räumlichkeiten auch ein Handicap für die Arbeit dar. Als Fotograf kann ich mich an solchen Orten nur schwer bewegen und bekomme nicht die geeignete Kulisse und den Raum für wirklich tolle Aufnahmen, erst recht nicht, wenn mir dann wegen Überfüllung auch noch ständig Menschen vor die Linse hüpfen. Viele Störfaktoren lassen sich auch im späteren fertigen Werk nicht mehr herausschneiden.

Kleine Räume haben in der Regel auch viel zu kleine Tanzflächen. Wenn sich die Gäste nicht frei nach Lust und Laune auf der Tanzfläche bewegen können, leidet die Stimmung. Ist dann auch noch der Weg zum Büffet nicht frei und es bilden sich Schlangen innerhalb des Saals oder wird der Weg durch Tanzende behindert, kommt es meist zu Verzögerungen im Programmablauf. Schlechte Laune ist hier bereits vorprogrammiert.

Die umgekehrte Extremsituation kenne ich allerdings auch, und sie wirkt sich genauso nachteilig auf die

Stimmung aus: Zu große Säle sind ebenfalls ein echter Partykiller. So erlebte ich es erst neulich, dass mir ein Brautpaar bereits im ersten Telefonat von der unglaublichen Location vorschwärmte, welche die beste sei, die es überhaupt gebe ‚und dass sie vor allen Dingen ausreichend Raum für die geladenen 300 Gäste böte. Vor Ort stellte sich aber heraus, dass außer diesen 300 Gästen wohl nochmal dreimal so viele hineingepasst hätten. Die Lokation glich eher einem Stadion denn einem Festsaal. Die 300 Gäste verloren sich an diesem Ort. Für einen Toilettengang musste man rund 5 Minuten Gehweg einrechnen. Auch so etwas ist fatal. In zu großen Örtlichkeiten kommt nur schwer Stimmung auf. Hier fühlt sich kaum jemand richtig wohl, und der Saal wirkt leer, selbst wenn er mit vielen Personen besetzt ist.

Wenn ihr den passenden Rahmen für eure Hochzeit sucht, solltet ihr rationale Gründe dafür haben. Der Saal sollte die passende Größe besitzen und euch auf jeden Fall auch in seiner Form, Gestaltung und hinsichtlich des Umfeldes wie Terrasse oder Garten voll ansprechen. Ihr solltet euch hier schon bei der ersten Besichtigung wohlfühlen. Anfahrtswege oder wer eventuell praktischerweise vor Ort wohnt und wer nicht, sind hier sekundäre Überlegungen. Hierfür finden sich immer brauchbare Lösungen, wenn die Location an sich schon mal die richtige ist.

Tatsächlich können sich Laien nur schwer vorstellen, wie der Raum erst einmal aussehen wird, wenn für die entsprechende Personenzahl gedeckt ist. Daher lautet mein Rat in jedem Fall, sich vor der verbindlichen Reservierung der gewünschten Location die Tische und Stühle einmal für die entsprechende Gästezahl in der von euch gewünschten Formatierung stellen zu lassen. So bekommt ihr nicht nur einen guten Eindruck davon, wie das Endergebnis dann aussehen wird, sondern erhaltet auch ein Gefühl dafür, wie eng oder großzügig der Raum bemessen sein wird. Berücksichtigt dabei genau die Abstände zwischen den einzelnen Tischen. Sind genügend Wege untereinander, zum Büfett und zur Tanzfläche frei, so dass sich die Gäste frei bewegen können, ohne mit jedem Toilettengang den halben Saal aufstehen lassen zu müssen? Gibt es ausreichend Raum zur Platzierung des Büfetts? Schließlich isst das Auge ja mit, und die Köstlichkeiten wollen ansprechend aufgebaut werden. Ganz wichtig ist es zudem zu klären, wie viel Platz der DJ oder die Band benötigt. Auch solltet ihr nachfragen, ob ein Starkstromanschluss vorhanden sein muss oder welche sonstigen technischen Voraussetzungen bestehen. Nichts ist ärgerlicher, als spontan vor Ort noch einen Aufriss machen zu müssen, weil die gebuchte Band ihre Verstärker nicht anschließen kann oder der DJ keinen Platz hat, seine Lautsprecher aufzustellen. Sind ausreichend Streckdosen da? Und ist die Tanzfläche auch groß genug, damit die Gäste – wenn sie es denn wollen – abrocken oder sich gemeinsam mit dem Brautpaar im Walzerschritt über die Tanzfläche bewegen können, ohne die halbe Deko oder das Büfett dabei abzuräumen? Es tanzen natürlich niemals alle auf einmal. Als Faustregel lässt sich sagen, dass die Tanzfläche groß genug sein muss, um die Hälfte der Gäste zu fassen.

Idealerweise gibt es für Dienstleister einen kleinen Nebenraum, in dem diese die Möglichkeiten haben, sich umzuziehen oder kurz frisch zu machen, wenn es nötig ist. Auch besteht oft die Notwendigkeit, zusätzliches Equipment oder persönliche Sachen hier unterzustellen.

Viele Brautpaare entscheiden sich aus Kostengründen für weniger schöne Säle, beispielsweise für Gemeindesäle, Dorfgemeinschaftshäuser – selbst wenn diese renovierungsbedürftig sind – oder für Sporthallen. Sie trösten sich über dieses unromantische, wenig festliche Ambiente hinweg, indem sie mit passender Deko etwas Hochzeitsflair zu zaubern versuchen. Nur lässt sich der Charme einer Sporthalle mit keiner Deko der Welt verändern. Selbst aufwändigere Dekorationen und feudaler Blumenschmuck lassen Basketballkörbe oder Turnringe an der Decke nicht verschwinden, ebenso wenig wie die Markierungen auf dem Kunststoffboden. Eine Sporthalle bleibt immer eine Sporthalle, da retten auch weißer Tüll und rote Kerzen nicht mehr viel. Zudem bieten diese Räume meist nur beschränkte Möglichkeiten zu einer festlichen Beleuchtung. Für den Fotografen und Videografen ist dies ein regelrechtes Horrorszenario. Die Brautpaare wünschen sich verständlicherweise, dass der Saal auf den Bildern und auf dem Video wie ein Palast wirkt, doch solche Wunder kann selbst ich nicht vollbringen. Wenn ich dann auch noch mit schlechten Lichtverhältnissen kämpfe, ist das Endergebnis leider nicht wie erhofft. Hinzu kommen dann auch noch die schlechte Akustik einer solchen Halle und die fehlende persönliche Note.

Paradoxerweise stellt sich am Ende meist heraus, dass die Kostenersparnis in Anbetracht der Investitionen in Deko-Elementen gar nicht so groß war – wenn es denn überhaupt eine gab.

Auch wenn der Gesamtpreis eurer Wunsch-Location auf den ersten Blick sehr hoch klingt: Unterschätzt niemals die vielen kleinen versteckten Ausgaben, die ihr andernfalls an Tischdeko, Beleuchtung etc. tätigen werdet, um die auf Sparflamme gemietete Halle aufzumotzen. Selbst geliehene Dekoration hat ihren Preis, und unterm Strich läuft es oft auf den gleichen Endbetrag hinaus.

Also investiert ruhig etwas mehr Zeit und Geduld in die Suche nach eurer PERFEKTEN Location, die eure persönliche Note trägt. Passend zum Stil eurer Hochzeit ausgewählt, entsteht hier gleich eine ganz andere Grundstimmung. Das Ambiente wird sich auch auf die Qualität der Fotos und Videos auswirken. Die Kosten lassen sich im Gegenzug bei der Dekoration entsprechend verringern. Wer einen schönen Saal gemietet hat, braucht viel weniger Dekoration. Auch können der Tischschmuck und die Blumengedecke kleiner ausfallen, da der Raum an sich schon eine ausreichende Atmosphäre versprüht.

Ein ganz wichtiger Punkt ist zudem die Klimatisierung. Der Einbau einer effizienten Klimaanlage ist eine teure

Angelegenheit, weshalb viele Betreiber und Inhaber von Räumlichkeiten darauf verzichten oder sich die Funktionalität von den Mietern teuer bezahlen lassen. Daher kommt es oft zu dem Problem, dass das Brautpaar in einem nicht-klimatisierten Raum feiert, entweder, weil sie selbst auf die zusätzliche Miete der Klimaanlage ersparen wollen, oder weil es in dem Raum keine solche Anlage gibt. Leider werden die Temperaturen im Sommer dabei häufig unterschätzt. Und auch im Frühling oder im Herbst kann das Thermometer ordentlich steigen. Wenn dann auch noch viele schwitzende Menschen in einem Raum zusammengepfercht sind, wird es nochmal um einiges stickiger und unangenehmer. Das Make-up verläuft, die Hemden werden durchgeschwitzt und niemand sieht mehr ansehnlich aus. Und der Stimmung tut natürlich diese tropische Atmosphäre im Saal auch nicht gut. Wer schwitzt, hat kaum mehr Lust zu tanzen oder sich anderweitig aktiv zu betätigen. Die Gäste sitzen missmutig an den Tischen oder halten sich bevorzugt draußen auf, wo noch etwas frische Luft ist. Gerade am späteren Abend tummeln sich dann die Scharen vor dem Saal. Wirklich an der Feier nimmt dann niemand mehr teil, was ärgerlich ist.

Darüber stellt ein überhitzter Saal auch oft ein logistisches Problem für das Büffet dar. Viele Speisen müssen gekühlt werden, gerade Salate, Torten oder Desserts schmelzen dahin und werden sogar ungenießbar.

Negativer Höhepunkt der schweißtreibenden

Angelegenheit sind dann schließlich die Hochzeitsbilder und Videoaufnahmen, auf denen viele übellaunige Gäste in verknitterten Kleidern, verschwitzten Hemden und glänzenden Gesichtern zu sehen sind. Auch hier lässt sich mit professioneller Retusche nicht mehr viel verbessern.

Daher rate ich allen, die sich auf die Suche nach einer geeigneten Location machen, darauf zu achten, dass der Saal klimatisiert ist und auf die gewünschte Temperatur gebracht werden kann. Ist definitiv keine vorhanden, so sollte das Brautpaar keine Kosten scheuen, um geeignete Klimageräte, Ventilatoren etc. zu mieten. Hierfür gibt es zahlreiche professionelle Anbieter. Auch wenn dies sicher ein paar Euros mehr kostet, lohnt sich der finanzielle Aufwand absolut.

Worauf Ihr bei einer Location außerdem achten solltet

Es gibt noch einige weitere Faktoren, die ihr bei der Wahl eures Saales berücksichtigen solltet. Ganz wichtig ist die Frage, ob es genügend Parkmöglichkeiten gibt. Nichts ist nerviger, als wenn eure Gäste erst einmal ewig um den Block fahren müssen, um einen Parkplatz zu finden. Auch hat am späten Abend oder in der Nacht niemand Lust, noch lange zu seinem geparkten Auto laufen zu müssen. Außerdem sollte die Möglichkeit bestehen, zum Ein- und Ausladen direkt bis an den Saal vorzufahren, um die vielen Geschenke und anderes Zubehör nach Ende der Feier einladen zu können.

Auch wenn der Standort wie oben beschrieben zweitrangig ist, sollte es dennoch keine langen Anfahrtszeiten geben. Berücksichtigt bei der Planung die einzelnen örtlichen Gegebenheiten und die jeweiligen Wegstrecken zwischen den Trauorten (Standesamt und Kirche), dem Sektempfang, der Location für die Feier und schließlich wieder nach Hause. Ihr wollt wohl kaum einen Großteil eurer Feier im Auto verbringen. Manchmal passt es einfach, und das gewünschte Standesamt, die Kirche und das Lokal der Wahl liegen dicht beieinander, womöglich sogar noch im Wohnort des Brautpaares. Häufig passt es aber auch nicht. In dem Fall solltet ihr vorab überlegen, worauf ihr den Schwerpunkt legt. Gibt es DIE Traumlocation, in der ihr unbedingt feiern wollt? Dann sucht nach einem Standesamt oder einer Kirche in der Nähe. Oder soll die Trauung in einer ganz bestimmten Kirche stattfinden? Dann begrenzt eure Suche nach einer Location auf den näheren Raum. Länger als eine halbe Stunde solltet ihr nicht fahren müssen, um von der Kirche zu eurem Feier-Ort zu gelangen.

Falls nicht zufällig alle Gäste direkt vor Ort wohnen, ist es auch wichtig, nach Übernachtungsmöglichkeiten in der Nähe Ausschau zu halten. Gibt es Hotels, Pensionen etc. in der Nähe? In dem Fall muss auch frühzeitig abgeklopft werden, wie viele eurer Gäste eine Übernachtungsmöglichkeit benötigen. Ein entsprechendes Zimmerkontingent könnt ihr im Vorfeld reservieren. Oder teilt euren Gästen alternativ bereits mit der Einladung die Kontaktdaten zu den Übernachtungsmöglichkeiten mit und bittet sie, sich frühzeitig selbst um eine Reservierung zu kümmern. Beides ist möglich, es sollte nur nicht völlig außer Acht gelassen werden. Nicht dass am Ende ganz kurzfristig Gäste ohne ein Bett dastehen und womöglich bei euch auf dem Sofa schlafen müssen und euch damit die Hochzeitsnacht versauen.

Weiter finde ich eine schöne Außenanlage wie ein kleiner Garten oder eine geräumige Terrasse für echtes Hochzeitsflair unentbehrlich. Nicht nur dass hier wirklich immer ganz bezaubernde Aufnahmen mit den Gästen entstehen. Die Gäste genießen es auch, zwischendurch an die frische Luft gehen zu können. Eine schöne Terrasse lässt sich auch gut ins Programm einbauen. So kann hier bei Sonnenschein vielleicht der Sektempfang stattfinden, bevor ihr zur eigentlichen Feier in den Saal geht.

Berücksichtigt bei der Wahl eurer Lokation auch immer, welche Serviceleistungen inkludiert sind. Manchmal wird beispielsweise nur der Saal vermietet, das Essen muss bei einem Caterer bestellt werden. Andere haben ein All-IN-Paket, sorgen also sowohl für Speis und Trank als auch für die Tischdeko und die Bewirtung der Gäste. Solche Lokationen sind natürlich meist teurer, doch auch hier gilt es, den Kostenaufwand auf Herz und Nieren zu prüfen. Wer aus Kostengründen einen Saal mietet, der günstiger ist als ein Restaurant, muss Kosten für den Caterer, für den Blumenschmuck und die Dekoration dazurechnen. Zudem buchen viele noch Helfer, die die Gäste bewirten. Auch diese wollen etwas verdienen. Unterm Strich ist die Billiglösung dann gar nicht mehr so viel günstiger als das volle Paket. Außerdem ist nichts entspannter, als die ganze Verantwortung in eine Hand zu geben und mit Buchung der Lokation sich nicht mehr um Büffet, Dekoration und Bewirtung kümmern zu müssen.

Zu guter Letzt gilt es, noch die vielen kleinen Eventualitäten abzuklären, die im Verlauf eurer Feier relevant werden können. Dies sind beispielsweise die Fragen: Gibt es Bestimmungen hinsichtlich der Schlusszeiten? Gelten Lautstärkebestimmungen? Gerade in bewohnten Gebieten kann es hier schnell zu Problemen mit der Lautstärke kommen. Hochzeiten, die bereits um Mitternacht von Polizeibeamten aufgesucht werden, weil Nachbarn eine Ruhestörung gemeldet haben, sind keine Seltenheit. Sind Kerzen oder das Verwenden von Wunderkerzen erlaubt? Darf der DJ beispielsweise seine Nebelmaschine starten? Über solche Fragen machen sich im Vorfeld nur wenige Gedanken, bis es dann am Abend selbst zu ärgerlichen Diskussionen und Problemen kommt. Denkt frühzeitig daran, eure gebuchten Dienstleister wie den DJ oder die Band zu fragen, welche Voraussetzungen für sie bestehen und was sie wissen müssen. Diese haben auch reichlich Erfahrung und denken vielleicht an die eine oder andere Eventualität, auf die ihr selbst nicht gekommen wäret. So fragen erfahrene, professionelle DJs bereits im Vorfeld meist nach den Schlusszeiten und eventuellen Regelungen hinsichtlich der Lautstärke.

Sind alle diese Fragen mit dem Betreiber der Location geklärt, lasst euch alles, wie auch die

Reservierungsbestätigung, schriftlich geben und trefft eine entsprechende verbindliche schriftliche Vereinbarung, auf die ihr euch im Notfall berufen könnt.

Kleider machen Brautleute

Das Outfit des Brautpaars ist eines der wichtigsten, weil augenscheinlichsten Dinge der ganzen Hochzeit. Auch für mich spielt dies eine große Rolle. Es liegt in der Natur der Fotografie, dass der Ästhetik besondere Bedeutung beigemessen wird. So betrachte ich das Outfit des Brautpaars – und natürlich ganz besonders das der Braut – mit außerordentlichem beruflichem Interesse. Ich versuche dabei immer, mit meinen Aufnahmen Stil und Wirkung des jeweiligen Kleides auch zum Ausdruck zu bringen. Das bedeutet: Ein wahres Prinzessinnenkleid mit Tüll und Reifrock werde ich auf den Bildern und Videoaufnahmen immer anders arrangieren als ein puristisches eng anliegendes Kleid. In einer ganzheitlichen Umsetzung perfekter Hochzeitsaufnahmen harmonieren Kulisse, Kleidung und Posen perfekt miteinander. Umgekehrt bedeutet dies aber auch, dass die Hochzeitskleidung auch zum Paar passen, seine Persönlichkeit und den individuellen Stil hervorheben und unterstreichen sollte. Somit wird die Kleidung für mich einer der wichtigsten Faktoren auf einem Hochzeitsbild.

Wie es zu dem jeweiligen Kleid kommt, ist dabei ganz unterschiedlich. Und nicht immer ist die Wahl eine sehr glückliche. Dazu werde ich Folgenden noch kommen.

Zu einer vollständigen Fotoreportage einer Hochzeit gehört das „Getting Ready". Hierbei mache ich Aufnahmen vom Brautpaar, wie es mit den morgendlichen Vorbereitungen beginnt, frisiert und im Falle der Braut geschminkt wird und schließlich Stück um Stück das Outfit anlegt, bis am Ende alles im hochzeitlichen Glanz erstrahlt. Da die Kleidung hierbei im Fokus steht, kommt es während des Shootings sehr häufig dazu, dass mir die Paare ihre individuelle Geschichte zum Kleiderkauf erzählen. Glück und Stolz schwingen fast immer mit, viele Geschichten sind unterhaltsam und spannend. So berichten manche, wie sie anderthalb Jahre durch verschiedene Städte reisen, auf der Suche nach dem perfekten Kleid. Oder sie haben sich außerordentlich viele Gedanken über das Outfit gemacht und haben bis zum Schluss geglaubt, niemals fündig zu werden. So weit, dass am großen Tag ein Brautpaar nicht eingekleidet ist, kommt es glücklicherweise nie. Aber in manchen Fällen wünschte ich mir, die jeweilige Entscheidung wäre anders ausgefallen.

Die Braut, die sich was traute

Eine Geschichte, die mir im Rahmen eines Shootings erzählt wurde, ist mir in besonderer Erinnerung geblieben. Die Braut und ihre fünf engsten Freundinnen haben den Kleiderkauf mit einem regelrechten

Städtemarathon zelebriert. So besuchte die Damen-Clique an mehreren Tagen rund 15 verschiedene Brautmodengeschäfte in ganz unterschiedlichen Städten. Jeder Tag wurde zu einem speziellen Brautmoden-Event. Die Freundinnen feierten die Anprobe stets mit Sekt und guter Laune. Viele, viele Kleider wurden ausprobiert, und alle Beteiligten hatten wahnsinnig viel Spaß. Mit Sicherheit ist ein solcher Kleiderkauf ein außergewöhnliches Erlebnis. Doch das ist nicht der Grund, weshalb mir diese Geschichte in Erinnerung blieb. Was mir diesen Tag so unvergesslich werden ließ, war die Tatsache, dass die Braut leider ein ganz und gar unpassendes Kleid trug. Sie war eher klein und mollig, hatte sich aber für ein pompöses Prinzessinnenkleid entschieden, welches sie noch kleiner und deutlich breiter erscheinen ließ. Die Korsage war deutlich zu eng und schnitt ins Fleisch, so dass am Dekolleté, unter den Achseln und am Rücken alles sehr unvorteilhaft herausquoll. Mit diesem Kleid hatte sich die ansonsten hübsche Braut keinen Gefallen getan. Ich dachte in diesem Moment nur daran, welche Posen ich für die Aufnahmen wählen sollte, um die Braut dennoch ins rechte Licht rücken zu können, und welche Nachbearbeitung am Computer später nötig werden würde, um die unvorteilhaftesten Regionen zu kaschieren. Schließlich will sich doch jede Frau auf ihren Hochzeitsbildern gefallen.

Eine solche Situation bewirkt bei mir Wut und Unverständnis. Wozu haben die besagten fünf Freundinnen an der Kleiderkauf-Tour teilgenommen, wenn keine von ihnen in der Lage war, der Braut ein ehrliches Feedback zu geben? Ging es den Damen letzten Endes nur darum, Spaß zu haben, Sekt zu trinken und sich zu amüsieren? Haben sie darüber ihren eigentlichen Dienst, nämlich ein neutrales Auge auf die Kleiderauswahl zu werfen, vergessen? Oder kann es tatsächlich falsche Freundinnen geben, die womöglich aus Neid einer anderen zu einem solch unpassenden Kleid raten, nur um die Braut absichtlich schlecht dastehen zu lassen? Anders kann man sich dieses kaum erklären. Und was war eigentlich in dem betreffenden Brautmodengeschäft los, dass man auch dort die Braut nicht kompetent beraten hatte?

Diese Story ist ein bewusst gewähltes Negativbeispiel, weil die begeisterten Berichte über den Kleiderkauf und das Ergebnis so wenig zusammenzupassen schienen. Doch falsche Entscheidungen hinsichtlich des Brautkleides sehe ich leider immer wieder.

Oftmals liegt die „Schuld" bei der Braut selbst. Viele blättern in Hochglanzmagazinen, in denen die schönsten Brautkleider an Frauen mit perfekten Modelmaßen präsentiert werden. Es ist wie bei denjenigen, die sich schön frisierte Star-Köpfe aus den Zeitschriften ausschneiden, zum Friseur gehen und sagen: „So will ich aussehen!" Das ist ein Horror für jeden Friseur, denn nur mit dem passenden Gesicht und den entsprechenden Haaren lässt sich die gleiche Frisur auch realisieren. Genauso ist es dann auch beim Kauf des Brautkleides. Daher sollten Bräute sich niemals gedanklich auf einen bestimmten Kleiderstil festlegen, nur weil dieser in einer Zeitschrift oder in einem Katalog so toll aussieht. Kaufen sie ihr Kleid dann auch noch in einem Laden, in dem es keine kompetente Beratung gibt, tritt die junge Braut am Ende mit einem an sich schönen Kleid vor den Altar, welches aber unvorteilhafte Körperstellen auch noch betont und die Braut einfach schlecht aussehen lässt.

Das Problem der inkompetenten Beratung gibt es leider in vielen Brautmodengeschäften. Viele beschränken sich lediglich auf den Verkauf. Oft ist zu beobachten, dass die Verkäuferinnen unmotiviert sind oder einfach nicht genügend Sachverstand und Erfahrung haben, um die Braut ganz individuell hinsichtlich ihrer Statur und ihres persönlichen Stils zu beraten. Auch die Freundinnen und Familienangehörige, die manche Bräute mit zum Kleiderkauf nehmen, kennen sich manchmal selbst nicht so gut aus oder haben Angst, der Braut auf die Füße zu treten, wenn sie ihre ehrliche Meinung sagen. Nicht selten sind die Bräute aber auch einfach besonders stur, haben sich auf einen bestimmten Stil festgelegt und wollen die Meinung der Begleiterinnen und der Verkäuferin gar nicht hören. Aus welchen Gründen auch immer, es kommt viel zu oft zu einem völlig falschen Kleid, in dem die Braut im wahrsten Sinne des Wortes keine gute Figur macht.

Ich habe da schon vieles gesehen, und vieles wiederholt sich: Schlanke Bräute, die in überladenen Kleidern stecken, in denen ihre tolle Figur gar nicht zur Geltung kommt. Erstaunlich häufig ist in solchen Fällen das

Dekolleté des Kleides zu groß und lässt die Braut darin regelrecht versinken. Fülligere Bräute hingegen denken oft, sie müssten sich in besonders eng sitzende Kleider zwängen in der Hoffnung, darin schlanker auszusehen. Leider ist das Gegenteil der Fall, sie wirken umso kräftiger, und an allen Säumen quillt die Körpermasse über und wirkt so viel üppiger, als es tatsächlich der Fall ist.

Beim Shooting werden dann erschreckend oft Wünsche an mich gerichtet, die darauf abzielen, die Braut durch meine Fotokunst und die nachfolgende Retusche am PC vorteilhafter wirken zu lassen. So werde ich etwa gebeten, kleine Röllchen an den Achseln oder am Rücken, die durch die Schnürung der Korsage hervortreten, weg zu retuschieren, das Dekolleté zu puschen, weil es in Natura durch die Korsage nach unten gedrückt wird, das Kleid zu verlängern, weil der Braut nun auffällt, dass zu viel von den Knöcheln zu sehen ist, den Reifrock, der unpassender Weise unter dem Rocksaum hervorschaut, weg zu retuschieren, ebenso wie den Rand des BHs, der hervorblitzt, weil das Kleid etwas zu groß ist und daher immer wieder etwas nach unten rutscht. Wer kennt sie nicht, die Bräute, die im Laufe des Abends ständig an ihre Korsage greifen, um das ganze Kleid wieder an die gewünschte Stelle zu ziehen? Häufig muss ich bei der Nachbearbeitung der Bilder auch Falten am Kleid verschwinden lassen, die dadurch entstehen, dass das Kleid an den entsprechenden Stellen einfach nicht optimal sitzt.

Das alles lässt sich selbstverständlich durch passende Posen, geschicktes Fotografieren und professionelle Nachbearbeitung am PC realisieren. Doch bedenkt an dieser Stelle, dass die Fotos nur eine Momentaufnahme sind, an der ihr euch im Nachhinein zwar erfreut. Aber gleichzeitig tretet ihr mit genau diesem unvorteilhaften, schlechtsitzenden Kleid am Tag aller Tage vor eure Gäste. Den ganzen Tag über seid ihr in diesem Kleid zu sehen. Auch auf den Videoaufnahmen lassen sich die entsprechenden Korrekturen nicht vornehmen. Warum also tut eine Braut sich das an? Mit ein wenig Vorbereitung und der Auseinandersetzung mit diesem Thema ließe sich das doch wunderbar vermeiden!

Das perfekte Kleid passt zur der jeweiligen Braut: Es umschmeichelt ihre individuelle Figur, hebt ihre Besonderheiten hervor und kaschiert die kleinen Makel. Und es unterstreicht den persönlichen Stil.

Bevor ihr loszieht, eurer perfektes Kleid zu finden, stellt euch vor den Spiegel und versucht, euch ganz realistisch zu betrachten: Welches sind eure körperlichen Vorzüge, die ihr unterstreichen wollt? Welches sind die kleinen Makel und Fehler, die kaschiert werden sollten? Beschränkt euch bei euren Recherchen in Katalogen und Zeitschriften nicht nur auf einen Kleiderstil, sondern bleibt offen für verschiedene Stile und Varianten. Sucht mehrere unterschiedliche Beispiele.

Da man sich selbst im Spiegel immer etwas anders sieht, als die Realität uns tatsächlich zeigt, ist es wichtig, sich auf kompetenten Rat verlassen zu können. Daher solltet ihr euch immer an ein Brautmodengeschäft wenden, in dem ihr genau diese fachkundige Beratung erhaltet. Der Gewinn sollte hier an zweiter Stelle stehen. Orientiert euch an Brautmodengeschäften, die einen guten Ruf genießen und diesen auch wahren möchten. Es gibt im Internet zahlreiche Rezensionen. Beschäftigt euch mit den verschiedenen Brautmodengeschäften und wählt aus der Fülle jene aus, bei denen ihr das Gefühl habt, persönliche Beratung zu genießen. Die Verkäuferin sollte sich Zeit für euch nehmen. Wenn sie euch und eure Figur genauer betrachtet und vielleicht mit einer guten Begründung ein Kleid vorschlägt, das ganz anders ist als das, was ihr euch vorgestellt habt, ist es ein gutes Zeichen. Lasst euch darauf ein, auch etwas Anderes zu probieren. Wenn ihr offen seid, merkt ihr, ob die Verkäuferin zu allem Ja und Amen sagt oder wenn es ihr im Gegenteil sehr am Herzen zu liegen scheint, dass ihr ein Kleid findet, das wirklich wie angegossen passt.

Überlegt euch des Weiteren sehr gut, wen ihr als Begleiterinnen und Beraterinnen dabeihaben möchtet. Natürlich ist der Kleiderkauf eine wundervolle Erfahrung, die man gerne mit Freundinnen und dem einen oder anderen Glas Sekt feiern möchte. Aber: Sekt trinken könnt ihr immer und überall. Hier kommt es darauf an, das passende Kleid für euch zu finden. Nein, mehr noch: Das perfekte Kleid! Nehmt also nur Mädels mit, denen ihr einen guten Geschmack und ein noch besseres Auge für Details zutraut. Sie sollten sich gut in euch und euren Stil hineinversetzen können und nicht nur das auswählen, was IHNEN am besten gefiele. Und vor allen Dingen müsst ihr euch sicher sein, dass diese Freundinnen ehrlich zu euch sind und euch offen sagen, wenn ein Kleid unvorteilhaft ist. Auf der anderen Seite ist es auch natürlich wichtig, dass ihr selbst offen für Kritik seid und akzeptiert, wenn euch eure Begleiterinnen sagen, dass dieses Kleid, so schön es auch sein mag, einfach überhaupt nicht zu euch passt. Nehmt diesen Rat an, seid offen und verlasst euch einfach auch auf das Auge eurer Berater.

Geht bei eurem Kleid keine Kompromisse ein. Manchmal kann es sein, dass ein Kleid nahezu perfekt ist, bis auf ein einziges Detail. So kann beispielsweise ein Kleid einfach wunderbar sitzen, jedoch eine falsche Weißnuance besitzen. Nicht jeder Braut steht beispielsweise Reinweiß. Das lässt sehr viele blass und kränklich aussehen. So schön dieses Kleid auch ist, aber in dem Fall sollte die Braut immer besser nach einem Kleid suchen, dass in der Farbe Perle oder Champagner ist. Manchmal sind es kleine Fehler, die den Unterschied machen. So kannte ich einmal eine Braut, deren Kleid wirklich wie maßgeschneidert zu ihr passte. Bis auf eine Winzigkeit: Am Dekolleté neigte das Kleid dazu, am Saum etwas umzuklappen, so dass sich hier das Futter ständig nach außen schob. Eine Kleinigkeit nur, die aber dazu führte, dass die Braut am Hochzeitstag immer wieder an diesem Oberteil herumzog, um den Saum wieder nach innen zu schlagen, und auch bei den Fotos ständig darauf zu achten war, dass dieser Makel nicht zutage trat. Die Braut hatte dies bereits beim Kleiderkauf bemerkt, da das Kleid aber ansonsten einfach wunderbar saß und es ihr zu gut gefiel, hatte sie geglaubt, dieses kleine Problem in Kauf nehmen zu können. Glaubt so etwas nicht. Nochmal: Geht hier niemals einen Kompromiss ein. Es ist entweder EUER Kleid, oder eben nicht, so klein der Makel auch sein mag.

Kleine Änderungen und Korrekturen sind natürlich möglich. Dafür haben Brautmodengeschäfte in der Regel eigene Schneider, die das Kleid individuell anpassen. Lasst es unbedingt so oft und so lange ändern, bis es wie angegossen passt. Ein Kleid kauft ihr also niemals in einem Atemzug. Es ist ein längerer Prozess, der sich hauptsächlich zwischen euch und der Verkäuferin abspielt. Hier muss also auch das Zwischenmenschliche stimmen. Ihr müsst euch absolut wohl dabei fühlen und den Eindruck haben, dass auch die Verkäuferin großes Herzblut in diese Beratung legt und mit Motivation und Freude bei der Arbeit ist. Der Brautkleiderkauf sollte euch Spaß machen und ein Vorgang sein, an den ihr euch später einmal liebevoll erinnern werdet.

Entscheidet euch immer nicht nur für den Stil, der euch am besten gefällt, sondern für den Stil, der auch zu eurer Persönlichkeit passt. Es gibt sie, die Prinzessinnen, die nichts anders tragen sollten, als das Cinderella-Kleid mit Reifrock. Aber es gibt auch die Damen, die in einem solchen Kleid deplatziert wirken und eher etwas Elegantes tragen sollten. Es gibt den verspielten Typ, aber auch diejenige, die einfach in einem schlichten Kleid wirklich sie selbst ist. Wenn ihr euch unsicher seid hinsichtlich der Typbestimmung, vertraut auch hier auf den Rat derjenigen, die euch gut kennen und dies richtig beurteilen können.

Auch sollte der Stil des Kleides immer in Harmonie stehen mit dem Stil der Hochzeitsfeier. Heiratet ihr im royalen Stil mit Schloss und Kutsche, ist beispielsweise ein pompöses Kleid angemessen. Bei einer eher schlichten Feier in einem ländlichen Gasthof wirkt zu viel Kleid oftmals fehl am Platz. Auch hier ist es also wichtig, die Waage zu finden und beim Kauf zu berücksichtigen, dass alles „rund" wirkt.

Unterschätzt nicht die Wichtigkeit der passenden Accessoires. Dies sind Handschuhe, Schleier, Haarschmuck, Schuhe, Unterwäsche, Reifrock etc. Das alles muss perfekt harmonieren. Macht also nicht den Fehler, den viele Bräute begehen, indem sie das Kleid zwar in einem Fachgeschäft erwerben, dann aber die Accessoires im Internet bestellen, um vielleicht ein paar Euro dabei sparen zu können. Vertraut auch hier auf kompetente Beratung. Wie schon angedeutet, ist Weiß nicht gleich Weiß, und auch Perle ist nicht immer Perle oder Champagner nicht immer Champagner. Die Accessoires sollten jedoch immer absolut zum Ton des Kleides passen. Ein Schleier muss die richtige Länge haben. Nicht jedes Kleid erlaubt jedes Accessoire. So wird bei manchem Kleid, das eher üppig gestalteter ist, die Fachverkäuferin von einem Schleier oder Handschuhen abraten. Manche Kleider hingegen wirken erst durch Handschuhe etc. komplett.

Zu guter Letzt: Bedenkt beim Kleiderkauf immer, dass ihr

dieses Kleid den ganzen Tag lang tragen werdet. Ihr wollt damit nicht nur dekorativ für euer Hochzeitsbild posieren, sondern möchtet darin auch ungezwungen tanzen, Spiele mitmachen und ja, auch essen. Daher muss euer Kleid einfach auch bequem sein und dazu beitragen, dass ihr euch rundum wohlfühlt an diesem besonderen Tag.

Der Bräutigam

Alle Augen schauen auf die Braut. Trotzdem ist natürlich das Outfit des Bräutigams keinesfalls zu vernachlässigen. Im Gegenteil: Auch er steht im Mittelpunkt dieses Tages. Er sollte genauso großen Wert darauf legen, perfekt gekleidet zu sein. Nun unterliegen leider viel zu viele dem Trugschluss: Ein Anzug ist ein Anzug, da kann man nicht viel falsch machen. Wer so denkt, wird mit Sicherheit unvorteilhaft und schlecht gekleidet vor dem Traualtar stehen. Das Repertoire an Kleidungsfehlern des Bräutigams beginnt bei zu großen Hosen, die eher wie Säcke als wie echte Kleidungsstücke am Bräutigam hängen, umfasst zu weite Sakkos, bei denen die Schultern herabhängen, sowie zu lange Ärmel, die den Bräutigam ein wenig wie einen Clown wirken lassen, und endet schließlich bei Anzügen, die im Gegensatz dazu zu eng sitzen und unschöne Falten schlagen. Auch bei der Hemdgröße liegen viele Männer leider schief. Ist das Hemd zu groß, schlackert es am Kragen. Ist es eine Nummer zu klein, kann ich häufig beobachten, dass der obere Knopf offensteht, weil er sich nicht schließen lässt oder bei geschlossenem Zustand dem Bräutigam die Luft abschnürt. Fehler werden sehr häufig auch bei der Wahl der Farbe gemacht oder bei der Kombination der verschiedenen Farbtöne. (Richtet hierbei auch ein Augenmerk auf die Socken. Hier greift man schnell zum falschen Farbton, und ich rede nicht von bunten Clownssocken. Ja, auch Schwarz und Braun können tückisch sein.)

Also legt ebenso viel Wert auf das Outfit des Bräutigams wie auf das der Braut. Es ist ein häufiges Phänomen, dass die Herren der Schöpfung deutlich weniger Lust darauf haben, sich auf Anzugsuche zu begeben, als die Braut, ihr Kleid zu kaufen. Viele gehen den Schritt in das Brautmodengeschäft widerwillig und hoffen, dass es schnell vorbeigeht. Versucht, dem Ganzen aber dennoch etwas abzugewinnen und euch positiv auf den Einkauf einzustimmen. Wendet euch auch in Sachen Bräutigam an ein kompetentes Fachgeschäft, bei dem ihr gut beraten werdet. Nehmt euch ebenfalls die richtigen Ratgeber zur Begleitung mit. Oftmals begleitet die Braut ihren zukünftigen Mann beim Einkauf. Dagegen spricht nichts, wenn sie seine persönlichen Wünsche berücksichtigt und in der Lage ist, ihn gut zu beraten.

Gerade beim Anzug ist Qualität wichtig. Investiert ruhig ein paar Euros mehr. Nur ein qualitativ hochwertiger Stoff sitzt gut und wirft keine unschönen Falten. Es gibt verschiedene Farben, die für das Outfit des Mannes in Frage kommen. Diese reichen von verschiedenen Braun- und Beigetönen über Grau-Nuancen, Dunkelblau bis hin zu Schwarz. Auch ausgefallenere Farben wie Weiß oder Hellblau können im Trend liegen. Das muss dann aber auch zu dem Typ des Mannes passen. Wie auch bei der Braut lautet mein absoluter Rat: Findet euren eigenen Stil und wählt etwas aus, das auch 100%ig zu euch passt und euch nicht verkleidet wirken lässt.

Wichtig ist zudem, dass der Anzug zum Outfit der Braut passt. Eine Faustregel ist dabei, dass die Farbe des Hemdes mit der Farbe des Brautkleides harmonieren sollte. Trägt die Braut etwa Champagner, sollte der Bräutigam kein reinweißes Hemd dazu tragen. Da es auch beim Mann unterschiedliche Stile gibt, sollte man sich hier mit der Braut abstimmen. Ein romantisches Brautkleid im Barock-Stil verträgt beispielsweise auch einen etwas opulenter gekleideten Herrn mit Zylinder. (Immer vorausgesetzt, dass dies zur Persönlichkeit des Mannes passt.) Das schlichte Brautkleid sollte dann aber auch eher mit einem schlichteren eleganten Anzug kombiniert werden. Besonders schön ist es – auch für die späteren Fotoaufnahmen – wenn sich einzelne Farben der Accessoires bei beiden wiederfinden, wenn etwa das Bordeaux-Rot des Brautstraußes nicht nur in der passenden Ansteckblume des Mannes, sondern auch in einem dezenten Muster des Einstecktuches zu sehen ist.

Vertraut auch hier auf die kompetente Beratung eurer Verkäuferin oder des Verkäufers. In einem seriösen Bekleidungsgeschäft wird man dafür sorgen, dass der Anzug des Mannes gut sitzt. Das bedeutet, dass der Anzug nicht zu weit, aber auch nicht zu eng ist und keine unschönen Falten wirft. Der Ärmel sollte die perfekte Länge haben und einen Streifen des Hemdsärmels vorblitzen lassen. Die Schultern müssen mit euren Schultern abschließen und dürfen nicht hängen. Auch die Länge der Hosenbeine sollte absolut perfekt sein. Lasst den Anzug wenn nötig mehrmals ändern, eben solange, bis er wie maßgeschneidert sitzt und euch im besten Licht erscheinen lässt. Auch bei der Wahl der Accessoires sollte Mann sich Mühe geben. Mit einer eleganten Armbanduhr, Schuhen und passenden Socken, Einstecktüchern, Manschettenknöpfen und einem passenden Gürtel wird das Outfit des Bräutigams perfekt.

Noch ein weiterer Tipp zum Thema Kleidungsstil: Achtet darauf, dass auch die Trauzeugen und, wenn vorhanden, auch Brautjungfern sich bei ihrer Kleidungswahl dem Stil des Brautpaares anpassen. Es geht nicht darum, den Gästen Vorschiften zu machen. Bei allen übrigen Gästen rate ich auch davon ab bestimmen zu wollen, was die Leute tragen. Das erzeugt meistens eher Missstimmung im Vorfeld. Doch die Trauzeugen und Brautjungfern werden immer gemeinsam mit dem Brautpaar im Bild sein. Es ist ganz furchtbar, wenn hier zu viele Farbtöne auftauchen, die schlimmstenfalls dann auch noch miteinander farblich kollidieren. Zu auffällige Muster wirken auf den Bildern unruhig. Sind Braut und Bräutigam festlich gekleidet, wirken zu leger gekleidete Trauzeugen auf den Fotos deplatziert. Oft erlebe ich es im umgekehrten Fall, dass die Trauzeugin ein sehr auffälliges Kleid in einer Knallfarbe wählt, welches an sich zwar sehr schön ist, aber unmittelbar neben der Braut dieser regelrecht die Show stiehlt und alle Blicke auf sich zieht. Sprecht also sicherheitshalber im Vorfeld behutsam mit euren Trauzeugen und erzählt von eurem gewählten Stil. Fragt sie, was sie dazu zu tragen gedenken, und besprecht gemeinschaftlich, welche Kombinationen zusammen am besten aussehen werden.

3. Der Style – alles rund um den Brautschopf

Im digitalen Zeitalter ist kaum mehr was anonym. Während früher der erste Kontakt mit den Brautleuten telefonisch stattfand, ohne dass man vorab ein Bild von den jeweiligen Personen hatte, bandeln wir heutzutage bereits über Social Media mit unseren potenziellen Kunden an. Social Media bildet einen sehr wichtigen Teil unseres Marketings. Gleichzeitig ermöglicht es uns, Einblicke darin zu erhalten, wer die Person am anderen Ende des Auftrags ist. Und so ist es üblich, dass ich, wenn ich eine Hochzeitsanfrage über Social Media erhalte, gleich auf das Profil der Brautleute gehe und nachsehe, wen ich da vor mir habe. Was wir dort zu sehen bekommen, sind private Aufnahmen aus dem Alltag von Braut und Bräutigam, aus dem Urlaub, von Partys oder auch ganz entspannte Alltagsaufnahmen. Immer wieder stellen wir dabei fest, dass die Brautpaare auf ihre Weise dabei hübsch aussehen. Sie sind auf diesen privaten Bildern sehr authentisch, ganz gleich ob es das Styling, die Mimik oder die Körperhaltung betrifft. Die Ausstrahlung auf diesen Bildern ist meist sehr natürlich. Kurz – wir sehen junge Menschen, die ihren Stil gefunden haben und einfach sie selbst sind. Das wirkt immer attraktiv, auch wenn man nicht unbedingt wie ein Hollywood-Star aussieht.

Wenn wir solche Bilder sehen, beginnen wir uns als passionierte Fotografen stets sehr auf die kommenden Aufnahmen zu freuen. Im Geiste gehen wir bereits mögliche Motive und Haltungen durch und blicken insgesamt sehr optimistisch auf den Hochzeitstag. Doch leider folgt sehr häufig eine regelrechte Desillusionierung, wenn dieser dann gekommen ist. Mit dem Wunsch, am besonderen Tag auch außergewöhnlich toll auszusehen, kommt es immer wieder vor, dass gerade die Bräute bis zur Unkenntlichkeit gestylt sind. Als Fotograf traue ich in solchen Momenten kaum meinen Augen. Meist wirkt das viel zu starke und dick aufgetragene Make-up maskenartig und aufgesetzt. Die Augen sind häufig viel zu dunkel geschminkt, lange künstliche Wimpern verändern den eigentlich natürlichen Look, durch übermäßig betonte Wangenknochen erhält die Braut fast verstellte Gesichtszüge. Wer die natürlichen Fotos der jungen Frau kennt, würde sie nun mit ihrem Hochzeits-Make-up niemals wiedererkennen.

Ebenso verhält es sich mit der Frisur. Ich möchte keiner Braut zu nahetreten, doch die oft künstlich aufgetürmten Haare auf dem Oberkopf erinnern mich nicht selten an eine Ananas. Ich habe schon so viele Brautfrisuren gesehen, die entweder überhaupt nicht zum Typ der

Braut passen oder aber einfach nur unprofessionell und stümperhaft gesteckt wurden.

Immer wieder plagen mich in solchen Momenten die gleichen Gedanken: Wo in aller Welt ist die wunderhübsche Frau von den Facebook-Bildern geblieben? Wo wurden unter all dem Styling ihre Natürlichkeit, ihr persönlicher Charme und ihre eigene ganz individuelle Note versteckt? Wie eine Puppe wirkt die Person vor mir, von Weiblichkeit, Anmut, Natürlichkeit und Persönlichkeit keine Spur mehr.

Was hier stattgefunden hat, ist eine Typenveränderung, die der eigenen Schönheit nicht annähernd gerecht wird. Natürlich will und soll eine Frau am Hochzeitstag außergewöhnlich gut aussehen. Natürlich ist es sinnvoll, die kleinen Makel zu verbergen und durch geschicktes Make-up den Fokus auf die schönen Gesichtspartien zu lenken. Aber hier liegt die Betonung auf „geschickt". Und von Geschicklichkeit merke ich am Tag der Tage leider sehr oft nicht viel. Mit Erschrecken muss ich letzten Endes denken: Hier wurde nicht nur einmal gepfuscht. Gleich zweimal wurde beim Styling danebengegriffen, denn in den meisten Fällen gab es vorab ein Probeschminken und -frisieren, bevor die Braut an ihrem Hochzeitstag final hergerichtet wurde.

Eine Person, die sich selbst nicht ähnlich sieht – welche Braut wünscht sich eine solche Beschreibung an ihrem Hochzeitstag? Vor allen Dingen wenn eine außenstehende, neutrale Person sofort bemerkt, dass die Verwandlung nicht zum Positiven vollzogen wurde.

Aus meinen vielen Gesprächen sowohl mit Brautpaaren als auch mit den betroffenen Dienstleistern habe ich eine sehr genaue Vorstellung davon, wie ein solches Probeschminken in der Regel abläuft. Meist sucht sich die Braut im Vorfeld bereits Material in einschlägigen Brautzeitschriften und im Internet heraus. Ihre Beispielfotos legt sie dann als Vorlage beim Probestyling. Im Grunde ist das dann schon der erste Fehler. Oft ist die Braut bereits auf dieses eine besondere Styling festgelegt. Sie weiß allerdings nicht, ob dieses überhaupt zu ihrem Typ passt und auf Basis ihres Hauttons oder ihres Haares überhaupt so umsetzbar ist. Auf der anderen Seite steht dann häufig ein Dienstleister, der entweder nicht die Lust hat, sich mit der Braut näher zu befassen und stupide einfach das Styling nach Vorgabe umsetzt. Ob das dann passt oder nicht, interessiert wenig. „Nach mir die Sintflut – sie muss ja so rumlaufen" scheint hier unausgesprochenes Motto zu sein. Oder aber es fehlt dem Dienstleister an der Qualifikation und Fähigkeit, um eine professionelle Typenberatung durchzuführen.

Hier gibt es zwei immer wiederkehrende Varianten:

1. Die Braut hat sich im Hinblick auf das schrumpfende Budget gegen eine/n professionelle/n Visagisten/Visagistin entschieden. In jeder Familie oder Freundeskreis gibt es schließlich eine Hobbyvisagistin, die scheinbar doch ein gutes Händchen für Styling besitzt und sich anbietet, das Schminken und Frisieren kostenlos zu übernehmen. Wie bereits erwähnt, rächt sich diese Sparmaßnahme. Es gibt einen Grund, weshalb auch die

Visagisten-Ausbildung mehrere Jahre umfasst. Die Professionals erlernen viel, was selbst die ambitioniertesten Hobbyvisagisten nicht beherrschen, einschließlich einer typengerechten Beratung. Auch wenn die Freundin, Schwester, Cousine etc. selbst immer hervorragend gestylt ist, so fehlt ihr doch die Erfahrung und das Wissen, um ihr Können bei einer ganz anderen Person umzusetzen.

2. Leider heißt es im Umkehrschluss jedoch auch nicht, dass die Buchung eines professionellen Visagisten immer die beste Entscheidung und Garant dafür ist, dass die Braut fabelhaft gestylt wird. Denn leider mache ich häufig die Erfahrung, dass es scheinbar auch vielen professionellen Visagisten und Friseuren nicht gelingt, die Wünsche der Bräute nicht zu deren hundertprozentiger Zufriedenheit umzusetzen. Wie in jedem Beruf gibt es echte Könner ihres Handwerks und solche, die den Beruf zwar irgendwie erlernt haben, deren handwerkliche Möglichkeiten jedoch zu wünschen übriglassen. Wie oft erlebe ich es, dass Bräute am Hochzeitstag mit dem Styling mehr als unzufrieden sind, gleichzeitig aber aufgrund der fehlenden Zeit kaum mehr die Möglichkeit haben, daran noch etwas ändern zu lassen. Eine Braut, die am schönsten Tag ihres Lebens weinend vor dem Spiegel sitzt, ist mehr als traurig. Wer will sich diesen Tag denn von so etwas Profanem wie dem Styling verderben lassen?

Kommen wir dann zu dem Fotoshooting, sprechen mich diese unzufriedenen Bräute dann hoffnungsvoll an, ob es mir möglich wäre, die schlechte Arbeit des Visagisten durch entsprechende Maßnahmen zu entschärfen. So werde ich häufig darum gebeten, Porträtfotos zu vermeiden und eher das Brautpaar vom Weiten darzustellen, damit Frisur und schlecht gelungenes Make-up nicht zu erkennen sind. Ebenso werde ich häufig darum gebeten, Korrekturen am PC mit Photoshop vorzunehmen, etwa den verwackelten Lidstrich so zu korrigieren, das zu dick aufgetragene Make-up farblich zu entkräften oder auch lose Haarsträhnen einfach weg zu retuschieren. Sicher – möglich ist vieles, fast schon alles mittlerweile. Durch entsprechende Posen, kleine Tricks bei der Beleuchtung und bei dem zu fotografierenden Winkel kann ich so einiges retten. Auch mit Photoshop lassen sich später wahre Wunder vollbringen – aber ist das Sinn der Sache? Für das Brautpaar stellen sich bei einer solchen Manipulation andere Probleme. Retuschierte Fotos wirken immer etwas künstlich. Bin ich gezwungen, mit Computerarbeit das Aussehen der Braut zu verändern, greife ich immer in ihre Natürlichkeit ein. Da besteht schnell die Gefahr, dass das Gesicht wie eine Maske wirkt. Zudem handelt es sich hierbei um einen nicht zu unterschätzenden Kostenfaktor. Die anschließende Retusche am PC ist eine zusätzliche Leistung, die dem Brautpaar zusätzliche Kosten beschert. Da muss es sich im Vorfeld immer die Frage stellen, inwieweit es bereit ist, dieses Geld neben der zu zahlenden Standardleistung zusätzlich zu investieren.

Wie bereits hinsichtlich des Outfits erklärt sollte eine weitere Überlegung sein, welche Bedeutung die

Perfektion auf den Bildern hat, wenn die Braut doch gleichzeitig weiß, dass sie ihrem Mann und den Gästen den ganzen Tag mit dem misslungenen Styling gegenübergetreten ist. Was ist ein perfektes Bild, auf dem all diese Makel entfernt wurden, dann noch wert?

Und schließlich stellt sich mir persönlich dabei immer wieder die Frage: Wieso muss ich immer wieder diesen zusätzlichen Aufwand betreiben, um die Fehler, ja Versagen, meiner Dienstleistungs-Kollegen auszugleichen? Wieso kann nicht dafür Sorge getragen werden, dass diese ihren Job einfach zur Zufriedenheit der Braut machen? So wäre doch der gelungene Hochzeitstag begründet auf dem perfekten Zusammenspiel aller professionellen Dienstleister.

Vergesst Retusche, Kaschierung und fotografische Tricksereien. Befolgt folgende Tipps, und seid einfach den ganzen Tag mit eurem Aussehen zufrieden.

Trau schau wem, heißt es auch hier. Da bedeutet: Achtet darauf, wen ihr für das Styling engagiert. Ein sehr gutes Kriterium für die Auswahl sind mehrfache Empfehlungen anderer Brautleute. Ein Dienstleister kann sich selbst hervorragend verkaufen, wirklich Aufschluss über seine Fähigkeiten gibt sein Auftreten jedoch nicht. Oder anders gesagt: Professionelles Marketing – wie eine ansprechende Webseite, ein Social Media Auftritt oder eine kreative Broschüre – setzt nicht unbedingt auch professionelle Arbeit voraus. Die beste Werbung, auf die ihr euch auch verlassen könnt, ist persönliche Empfehlung. Je mehr, umso besser. Nicht nur andere

Brautpaare sind hier wichtig. Auch andere Dienstleister wie Hochzeitsfotografen können Empfehlungen aussprechen. Schließlich sind alle in der gleichen Branche tätig und treffen sich von Hochzeit zu Hochzeit wieder. So wüssten wir auf Anhieb, welche Arbeit wir empfehlen und bei welchem Visagisten wir von vornherein die Hände über dem Kopf zusammenschlagen würden.

Wichtig ist zudem, mit dem infrage kommenden Visagisten ein ausführliches Vorgespräch zu führen. (An dieser Stelle sei erwähnt, dass mit dem Begriff Stylist oder auch Visagist Vertreter beiderlei Geschlechts gemeint sind.)

Stellt sowohl im Gespräch mit Empfehlenden wie auch mit den Visagisten unbedingt folgende Fragen:

1. Pünktlichkeit

Fragt den Stylisten nach einem Zeitplan. Hier sollte genügend Zeit eingeplant werden. Bereits bei dieser Frage merkt man meist, wie routiniert der Visagist ist, ob er von sich aus bereits Eventualitäten anspricht und berücksichtigt oder ob er hingegen alles auf die leichte Schulter nimmt und vage antwortet. Fragt die Brautpaare, die Erfahrungen mit diesem Visagisten hatten, ob er/sie an diesem Tag pünktlich war und ob der Zeitplan alles in allem auch gepasst hat.

Genügend Zeit zu haben ist elementar wichtig. Wer sich hier verschätzt oder sich als unzuverlässig erweist, gerät in Zeitnot. Aus dem daraus resultierenden Druck entsteht Pfusch. Da kann ein Dienstleister noch so gut sein: Ist er gezwungen, schnell zu arbeiten, werden Fehler geschehen, die sich in der Kürze der Zeit nicht korrigieren lassen. Nimmt er sich andernfalls trotz Verspätung ausreichend Zeit für seine Arbeit, so zieht dies Verzögerungen im weiteren Tagesablauf nach sich. Und in diesem Fall geraten andere, ihm folgende Dienstleister schnell in Zeitnot. Auch als Fotograf ist es beispielsweise kaum möglich, unter Druck und mit nur sehr begrenzter Zeit wirklich gute Arbeit zu liefern. So oder so wird dieser Tag in dem Fall eine Enttäuschung werden.

Kleiner zusätzlicher Tipp an dieser Stelle: Auch wenn der Zeitplan des/der Visagisten/Visagistin vernünftig klingt, plant lieber eine weitere halbe Stunde zusätzlich ein. So habt ihr immer noch einen kleinen Puffer für den Fall der Fälle.

2. Mobile Ausstattung

Klärt im Vorfeld unbedingt die Frage, ob der Stylist einen mobilen Arbeitstisch besitzt. Dies mag im ersten Moment wenig wichtig erscheinen. Schließlich denken die meisten Brautpaare, dass ein erfahrener Visagist schon selbst wissen wird, was er benötigt und was nicht. Tatsächlich arbeiten jedoch sehr viele nicht eben professionell und sparen an gutem Equipment. Auch das gehört zu den Dingen, die sich in irgendeiner Form rächen werden. Oft erlebe ich, dass Stylisten, bevor sie mit ihrer eigentlichen

Arbeit beginnen können, zunächst das geeignete Mobiliar zusammensuchen müssen. Stellt euch nun einmal vor, es wird am Hochzeitsmorgen gerückt und geschoben, Möbelstücke gesucht, ausprobiert und dann doch wieder verworfen, weil alles doch nicht so passt, wie es sollte. Wie viel Zeit dabei verloren geht, braucht kaum erwähnt zu werden. Aber auch nervlich ist ein solch unprofessionelles Verhalten eine Belastung. Es bringt Unruhe in euren Tagesablauf und sorgt als ein morgendlicher Faktor dafür, dass ihr nicht halb so entspannt in euren Tag starten könnt, wie ihr es euch bestenfalls gewünscht hättet. Außerdem wirkt sich ein behelfsmäßiger Arbeitsplatz auch negativ auf die eigentlich sehr beliebten Getting Ready Fotos aus. Man stelle sich die Braut vor, wie sie vor einer chaotisch zusammengeschobenen Einrichtung sitzt. Solche Kulissen bieten wenig Potenzial für ansprechende Fotos.

Ein professioneller Stylist hat immer eine eigene mobile Ausstattung dabei. Sie ermöglicht es ihm, in wenigen Minuten einen angemessenen Arbeitsplatz aufzubauen, an dem er ungehindert seine Arbeit verrichten kann, ohne eure Einrichtung zu ruinieren.

Wichtig ist zudem, dass der Visagist ebenfalls über ein eigenes Lichtset verfügt. Nicht immer sind die Lichtverhältnisse in der Wohnung/dem Haus so gut, dass das Make-up hundertprozentig gelingen kann. Gerade am frühen Morgen oder bei schlechtem Wetter ist das Licht oft noch etwas gedämpfter. Wer bei diesen Lichtverhältnissen geschminkt wird, erlebt im Tageslicht sein buntes Wunder. Besonders beim Schminken sind optimale Lichtverhältnisse daher unerlässlich. Nur mit einer eigenen Beleuchtung hat der Visagist garantiert die Möglichkeit, dies zu regulieren.

3. Die Qualität der Kosmetikprodukte

Natürlich ist teuer nicht immer gleich gut, und günstige Produkte können im Gegenzug manchmal qualitativ überzeugen. Aber gerade bei Kosmetikprodukten trifft dies höchst selten zu. Wer qualitativ einwandfreie Ergebnisse wünscht, muss auf entsprechend hochwertige Produkte zurückgreifen, auch wenn diese ihren Preis haben. Daher ist es wichtig, darauf zu achten, dass der Visagist auch nur gute Kosmetika verwendet. Wer sich hier auskennt, kann sich sicherlich bereits an den verwendeten Produkten und Marken orientieren. Ansonsten kann man die Hochwertigkeit ganz gut beim Probeschminken überprüfen. Tragt das aufgelegte Make-up auch am Probetag ruhig einige Stunden und beobachtet, wie es sich verhält. Färbt das Make-up zu sehr ab? Krümelt es oder bildet es unschöne Flecken? Ist die Wimperntusche wasserfest und verläuft nicht – ganz gleich, ob ihr schwitzt oder ein paar Tränchen verdrückt? Hält das Haarspray, was es verspricht, oder lösen sich bereits nach wenigen Stunden erste Strähnen aus der Frisur? Bleibt der Lidschatten über längere Zeit auf dem Augenlid? Oder handelt es sich tatsächlich um ein Billigprodukt, das sich kurz nach dem Auftragen bereits in der Lidfalte absetzt? Hier trennt sich die Spreu vom Weizen. Wählt also immer nur einen Visagisten, der auch wirklich qualitativ gute Produkte verwendet. Auch wenn dieser womöglich einen höheren Preis verlangt: Diese Investition ist es garantiert wert!

4. Das menschliche Miteinander

Hier ist es wie mit jedem anderen Dienstleister, den ihr für eure Hochzeit verpflichtet. Das menschliche Miteinander muss funktionieren. Ihr lasst diese Person sehr nahe an euch ran. Stimmt die Chemie nicht, wird der Akt des Schminkens eher unangenehm. Wenn jedoch eine gute Grundstimmung herrscht, ist die Basis für ein gelungenes Styling bereits vorhanden. Achtet darauf, dass der Visagist explizit auch auf eure Wünsche und Bedürfnisse eingeht. Natürlich ist es wichtig, dass er/sie auch eigene Vorschläge macht, euch ausführlich berät und vielleicht auch mal Kritik an euren Vorstellungen äußert, solange diese begründet ist. Jedoch darf es keinesfalls so sein, dass der Stylist stur nur die eigenen Vorstellungen durchsetzt und euch keinen Raum lässt, eure eigenen Wünsche anzubringen. Ihr müsst euch in der Gegenwart dieses Menschen wohl fühlen und das Gefühl haben, dass hier individuell auf eure Person eingegangen wird.

5. Ist eine Typberatung im Angebot?

Damit wären wir nahtlos beim nächsten Punkt angekommen. Ein guter Visagist stylt euch nicht einfach nur, sondern führt auch eine Typberatung durch. Das ist sehr wichtig, um herauszufinden, welches die richtige Frisur und das richtige Make-up für euch sind, so dass eure Vorzüge optimal zur Geltung gebracht werden und ihr dabei immer noch ihr selbst seid. Im Rahmen dieser Typenberatung sollte die Hochzeit immer als ganzheitliches Konzept behandelt werden. Das bedeutet, Make-Up und Frisur sollte immer auch mit dem Kleid, den Accessoires und dem gesamten Rahmen harmonieren. Auch die Farben, die in der Regel durchgängig bei Brautstrauß, Dekoration etc. verwendet werden, sollten im optimalen Fall auch hier berücksichtigt werden.

6. Referenzbilder

Lasst euch unbedingt Referenzbilder des Stylisten zeigen. Nur so könnt ihr euch mit eigenen Augen von der Qualität seiner Arbeit überzeugen. Achtet dabei darauf, dass er/sie nicht immer nur eine kleine Auswahl präsentiert, die womöglich auf allen Broschüren und auf seiner/ihrer Webseite zu finden sind. Dies legt den Verdacht nahe, dass es nur diese wenigen guten Arbeiten gibt. Wer Erfahrung hat, hat auch ein entsprechendes Referenzportfolio. Die Referenzfotos sollten unterschiedlich sein. Sehen die verschiedenen Bräute am

Ende auf allen Fotos gleich aus, liegt es nahe, dass der Stylist eben nur diesen einen Style beherrscht und nichts Anderes kreiert. Völlig unterschiedliche Brautstylings, die augenscheinlich typengerecht sind und mit der gesamten Erscheinung der Braut harmonieren, sind hingegen ein sehr gutes Zeichen.

7. Kosmetika fürs Erste-Hilfe-Täschchen

Achtet darauf, dass ihr den verwendeten Lippenstift, den Puder oder eventuell auch den Lidschatten mitbekommt. Schließlich ist der Tag lang, und eurem Styling wird einiges abverlangt. Es wird im Laufe des Tages und des Abends nötig werden, das Make-up zu erneuern, das glänzende Gesicht zu pudern oder die Lippen nach dem Essen nachzuziehen. Dies sollte dann natürlich auch immer mit den Produkten geschehen, die ursprünglich auch aufgelegt wurden.

Noch ein kleiner, aber feiner Tipp für alle Bräute, die stolz auf eine lange und schöne Haarpracht sind: Es muss nicht immer die klassische Hochsteckfrisur sein. Auch offene Haare können schön zurechtgemacht und entsprechend mit Haarschmuck versehen, ein echter Hingucker sein. Gerade bei Frauen, die ihre Haare ohnehin eher offen tragen, wirkt dies viel natürlicher und weiblicher.

Die gute Nachricht für die Herren der Schöpfung: Bei diesem Punkt Styling kann der Bräutigam kaum etwas falsch machen. Dass er frisch rasiert (oder als Bartträger ordentlich gestutzt) zur Trauung kommt, sollte ja selbstverständlich sein. Ein kleiner Tipp meinerseits ist allenfalls, sich die Haare zwei bis drei Tage vor der Hochzeit schneiden zu lassen, so dass die Frisur am großen Tag dann optimal sitzt.

4. Großes Kino: die kirchliche Trauung

Es lässt sich ja wirklich nicht bestreiten: Bei dem Wort Hochzeit denken die meisten an eine Kirche, den Gang vor den Traualtar und damit an all die notwendigen Rituale, ohne die eine Trauung kaum vorstellbar wäre. Tatsächlich erlebe ich eine solche Kulisse recht häufig. Zu Anfang ist alles perfekt. Die Kirche ist wundervoll geschmückt, es herrscht Spannung. An dem langen Gang verrenken sich die Kirchenbesuche die Hälse, um einen Blick auf die Braut zu werfen. Dann setzt das Orgelspiel ein, und unter feierlichen Klängen schreitet die Braut am Arm ihres Vaters den Gang entlang auf ihren vor dem Altar wartenden Bräutigam zu. Dieser Moment ist fast immer ein sehr emotionaler, hier werden unzählige Taschentücher gezückt.

Doch nur wenige Augenblicke später bricht dieses Idyll in sich zusammen. Dann sieht das Bild etwas nüchterner aus. Mit dem weiteren Fortschreiten des Traugottesdienstes werden die Gäste zunehmend gelangweilter, einige gähnen, andere beginnen sogar, sich leise zu unterhalten. Selbst Handys sind nicht immer ausgeschaltet. Insgesamt herrscht Unruhe, und von Feierlichkeit ist in solchen Momenten nur noch wenig bis gar nichts mehr zu spüren. Das Desinteresse ist allen beteiligten nur zu deutlich anzumerken. Die sorgfältig ausgewählten Lieder kennt ohnehin keiner, und so fällt auch die Gesangsbeteiligung eher mau aus.

Für mich als Fotografen ist es sehr schwer, emotionale Aufnahmen in einer solchen Situation zu machen. Oft ist den Menschen die Langeweile anzusehen. Die ganze Szenerie wirkt häufig gestellt und unecht.

Der Grund ist ein ganz einfacher: Nicht jedem bedeutet die kirchliche Trauung wirklich etwas. Häufig wird die Kirche zur Kulisse, die Trauung gleicht einer Show, ohne dass die Brautleute dahinterstehen.

Daher sollte eure erste und wichtige Überlegung sein, wie wichtig es euch ist, eure Ehe vor dem Altar zu beschließen. Denkt immer daran, dass es hierbei eigentlich um eine religiöse Handlung mit großer Bedeutung geht. Diese Bedeutung geht jedoch völlig verloren, wenn ihr nicht mit Herz und Seele dahintersteht.

Die kirchliche Trauung um der Show willen hinterlässt selten ein gutes Gefühl. Feiert lieber eure Trauung so, wie es eurer Emotionalität entspricht. Habt ihr keinen religiösen Background und könnt ihr der kirchlichen Rituale nichts abgewinnen, so verzichtet lieber darauf. Es gibt in der heutigen Zeit so viele verschiedene Möglichkeiten, eine Trauung zu gestalten, dass der Verzicht auf eine kirchliche Hochzeit kein Verlust an Feierlichkeit und Emotionalität bedeutet. Im Gegenteil: Ein Brautpaar, dass sich dem großen Brimborium unterwirft, jedoch nichts dabei empfindet, wirkt fehl am Platz. Da kann beispielsweise eine sehr persönlich gestaltete Trauung um Welten emotionaler und packender sein.

Auch hier gilt: Es ist ganz egal, was andere erwarten oder wie es in eurem Umfeld eigentlich üblich und Brauch ist zu heiraten. Wichtig ist, eure Linie zu finden.

Habt ihr euch bewusst für die kirchliche Trauung entschieden, ist es wichtig, sich von vorne herein entsprechend vorzubereiten.

Hier meine wertvollen und, wie ich meine, wichtigen Tipps.

Die Wahl der Kirche

Es gibt verschiedene Gründe, um sich für die eine oder andere Kirche zu entscheiden. Dabei kann man alle Brautpaare grob in zwei Gruppen unterteilen: Die einen heiraten in einer bestimmten Kirche, weil dies eben die eigene Gemeinde ist, ein örtlicher Bezug besteht oder eben auch ein sehr persönlicher. Die Kirche selbst mit ihrer Bauweise oder ihren speziellen Gegebenheiten ist dann zweitrangig. Hier muss man sich also mit den Dekorationswünschen und etwaigen Vorstellungen bezüglich Fotos oder Videoaufnahmen arrangieren.

So gibt es beispielsweise Kirchen, die eher ungünstige Lichtverhältnisse bieten oder optisch einfach nicht attraktiv sind. Da das Brautpaar (oder zumindest einer der beiden) aber in dieser Kirche getauft wurde und einen persönlichen Bezug zur Gemeinde hat, kommt keine andere Kirche in Betracht. Dann heißt es also, sich mit der

Örtlichkeit zu arrangieren und das Beste daraus zu machen.

Andere jedoch wählen ganz speziell eine Kirche aus, in der sie sich ihre Trauung wünschen, gerade weil sie besonders schön und ansprechend ist.

Hier gilt es, auf einige Aspekte besonders zu achten:

Es werde Licht – die Helligkeit des Kirchenraums

Rein emotional ist ein freundlicher, heller Kirchenraum schon ungemein wichtig. Schließlich ist die Hochzeit ein heller Moment in eurem Leben. Dies wird allein schon durch das weiße Brautkleid symbolisiert. Dem entsprechend sollte auch die Kirche strahlend und licht wirken. Es gibt beispielsweise sehr viele barocke Kirchenräume, die in prachtvollem Weiß und Gold gehalten sind und somit wie gemacht für eine kirchliche Trauung zu sein scheinen. In einer solchen Umgebung stellen sich die Feierlichkeit und die Freude von ganz alleine ein. Dunkle, triste Kirchenräume (in vielen Epochen sehr typisch) wirken dagegen betrüblich, kahl und trist. Diese Kirchen sind also alles andere als prädestiniert für euer Fest.

Unabhängig davon ist die Helligkeit des Kirchenraumes auch für die Foto- und Videoaufnahmen relevant. Ein professioneller Fotograf mit einer entsprechenden Ausstattung ist zwar in der Lage, auch Bilder in den dunklen Kirchenräumen entsprechend zu belichten, doch ist dies aufgrund der hohen Räume ungleich schwieriger und reicht von der Belichtung niemals an die Fotos heran, die in hellen, freundlich wirkenden Sälen gemacht wurden.

Durch diese hohle Gasse werden sie kommen – die Breite des Mittelgangs

Viele denken bei der Auswahl der Kirche gar nicht daran, die Breite des Mittelgangs unter die Lupe zu nehmen. Aber schließlich will das Brautpaar gemeinsam zum Altar schreiten. Ein breiter Gang lässt dies besonders feierlich wirken. Doch gerade die romantisch wirkenden kleineren Kirchen haben oftmals gar keinen angemessen breiten Gang. Es nimmt ungemein viel von der feierlichen Atmosphäre, wenn sich die Braut durch den Gang quetschen muss, vorsorglich darauf achtend, mit ihrem Kleid oder dem Schleier nicht noch den an der Bank befestigten Blumenschmuck mitzureißen. Die wunderbare Schleppe des Kleides, welche eigentlich nur zum Ein- und Auszug richtig zur Geltung kommen sollte (später wird die Schleppe in den meisten Fällen hochgesteckt oder abgenommen), verliert ihre Wirkung, wenn sie in einem schmalen Gang auf ein undefinierbares Stoffbündel zusammengeschoben wird. In einigen Fällen ist es sogar schon vorgekommen, dass die romantische kleine Kapelle zwar absolut entzückend war, sich jedoch bei allen Anwesenden Befremden einstellte, als die Braut alleine in die Kirche einzog, während ihr Bräutigam sich hinter ihr herschob – weil der Kirchengang es gar nicht zuließ, dass das Brautpaar gemeinsam zum Altar schritt.

Wie sich eine solche Szenerie schließlich auf die Fotos auswirkt, braucht kaum erwähnt zu werden. Vorausgesetzt, es gelingt dem Fotografen in dem beengten Raum überhaupt schöne Fotos zu machen. Denn irgendwo muss der Foto- und Videograf mitsamt seiner Ausrüstung auch noch hin.

Gerade die Wahl der Kirche zeigt also hier wieder einmal, dass manchmal neben all der Romantik und der Wunschvorstellung auch ein gesunder Menschenverstand eingesetzt werden muss.

Alles eine Frage der sorgfältigen Absprache

Ist die richtige Kirche gefunden, ist es unerlässlich, im Vorfeld ausführliche Gespräche mit dem Pfarrer der Gemeinde zu führen. (Und hiermit ist nicht das Traugespräch gemeint, welches unweigerlich folgt, sondern ein erstes Gespräch, um Organisatorisches und Grundsätzliches zu besprechen.)

Betrachtet den Pfarrer bitte niemals als Dienstleister, der euch für einen Event die passende Location zur Verfügung stellt und als Hauptakteur in einem Schauspiel auch noch die Hauptrolle übernimmt. Der Pfarrer ist nicht nur Hausherr und somit derjenige, der in dieser Gemeinde das Sagen hat, sondern in erster Linie auch seinem

Glauben und dem religiösen Akt der Eheschließung verpflichtet. Begegnet ihm und der Religion also mit Respekt und akzeptiert, wenn er vielleicht nicht jeden eurer Wünsche umsetzen kann und möchte.

Es ist immer besonders schön, wenn das Brautpaar selbst Texte wie Lesungen, das Evangelium, Fürbitten und Gebete auswählt. Der Pfarrer hat in den meisten Fällen auch Vorlagen und hilfreiche Vorschläge zur Hand. Je mehr ihr euch an der Planung beteiligt, umso emotionaler und persönlicher wird euer Gottesdienst.

Besprecht mit dem Pfarrer auch unbedingt die Liedauswahl. Schöne Lieder sind das A und O und nicht selten Grund für so manchen emotionalen Ausbruch. Aber in der christlichen Liturgie beispielsweise haben die Lieder ihren festen Platz innerhalb des Traugottesdienstes, da kann oft nicht je nach Wunsch und Laune eine bestimmte Anzahl an Liedern oder auch ganz spezielle Liedwünsche einfach bestimmt werden. Dabei solltet ihr nicht nur berücksichtigen, was schön klingt oder einen toll passenden Textinhalt hat, sondern auch, wie bekannt das Lied ist und ob eure Gäste auch mitsingen können. Besprecht bei dieser Gelegenheit, wie die musikalische Untermalung überhaupt erfolgen kann. Gibt es einen Organisten, der die Orgel spielt? Müsst oder könnt ihr andere Musiker verpflichten? Habt ihr eine Sängerin, die beispielsweise das Ave Maria anstimmen soll und besteht die Möglichkeit, dass diese sich vorher mit dem Organisten abstimmt? All diese Details müssen geklärt werden. Aber in der Regel ist der Pfarrer euch hier ein wichtiger Ratgeber und Begleiter.

Bitte Lächeln – die Sache mit den Fotos

Vergesst bei dem Erstgespräch keinesfalls, die Frage nach dem Fotografieren und Filmen zu stellen. Dies kommt vielen Brautpaaren gar nicht in den Sinn, weil es Fotos und Videoaufnahmen als selbstverständlich ansieht. Tatsächlich kommt es jedoch nicht selten vor, dass das Filmen und/oder Fotografieren generell untersagt wird, weil dies in der Gemeindeverordnung so festgehalten ist.

Sollte das Fotografieren oder Filmen erlaubt sein, ist es als nächstes wichtig zu klären, welche Bestimmungen oder Einschränkungen hierfür gelten. Das handhabt jeder Pfarrer gerne anders. Manche sehen hierfür eine bestimmte Position vor, aus der der Fotograf fotografieren kann. Diese Position ist aus der Perspektive des Priesters die denkbar günstigste, um dem Vorgang der Trauung und den Gottesdienstverlauf nicht zu stören. Meistens ist es jedoch gerade für den Fotografen eine denkbar ungünstige Stellung, weil beispielsweise das Licht nicht stimmt oder der Blickwinkel keine optimalen Aufnahmen ermöglicht. Gerade der wichtigste und feierlichste Akt – nämlich die Trauung selbst und das Anstecken der Ringe – kann dann nicht optimal im Bild festgehalten werden.

Dieser Punkt muss also angesprochen uns bestenfalls auch zu eurem Besten mit dem Pfarrer vereinbart werden. Die beste Position für das Fotografieren ist meiner Erfahrung nach seitlich neben dem Brautpaar.

An dieser Stelle möchte ich auch gerne einen kleinen Appell an meine Kollegen und Kolleginnen loswerden. Bitte haltet euch an die Ansagen des Pfarrers, selbst wenn die Position, die man euch zuweist, nicht unbedingt die beste ist. Es ist ein Zeichen von Professionalität, sich auch an die Vorgaben anzupassen und aus der ungünstigsten Position noch die besten Bilder herauszuholen. Kollegen, die sich nicht an die Absprachen halten, sondern während der Trauung wild im Altarraum herumlaufen, nur um für sich die besten Aufnahmen machen zu können, haben in diesem Moment vielleicht das Beste herausgeholt, die Zeremonie jedoch empfindlich gestört wurde. Für alle nachfolgenden Kollegen bedeutet das häufig, dass die Pfarrer weniger entgegenkommend sind und vielleicht nach dieser Erfahrung die Entscheidung treffen, das Fotografieren gänzlich zu verbieten. So leidet eine ganze Branche darunter, dass einzelne Egoisten nicht professionell und rücksichtsvoll arbeiten - für die Brautpaare, die dann gar keine schönen Bilder mehr bekommen können, umso trauriger.

Es kann nur einen geben

Wer kennt es nicht, das Blitzlichtgewitter an Hochzeiten. Nicht nur der Fotograf greift zum Fotoapparat, auch Onkel Heinz, Tante Hilde, Cousin Fritz und Schwester Susi möchten möglichst viele Bilder vom großen Tag machen.

Und im Zeitalter der Smartphones zückt sowieso jeder Gast zu jeder Gelegenheit die Kamera. Viele Bilder zu haben ist sicher toll, doch unterbindet diese Fotografierwut bitte unbedingt während des Gottesdienstes.

Die meisten Pfarrer, die bereits einschlägige Erfahrungen sammeln durften, geben dies ohnehin bereits vor: bitte nur einen Fotografen. Es stört die Zeremonie nämlich furchtbar, wenn alle möglichen Leute während der Trauung herumlaufen, knipsten, rascheln und blitzen. Von Feierlichkeit bleibt da nicht mehr viel. Und mich als professionellen Fotografen beeinträchtigen diese Amateure noch viel mehr. Auf der Suche nach der perfekten Perspektive, achtet Onkel Heinz nämlich meistens gar nicht darauf, wer außer ihm sonst noch ein Foto machen möchte, und so hüpfen einem munter alle möglichen Gäste vor die Linse. Im schlimmsten Fall ist auf der Videoaufnahme nicht das strahlende Brautpaar beim Einzug zu sehen, sondern der Rücken eines Gastes, der sich zwischen Videokamera und Brautpaar geschoben hat, um SEIN Foto zu machen. Das Blitzlicht und die Knipsgeräusche der anderen Kameras sind zudem auf den Videoaufnahmen leider nur allzu gut zu hören, ebenso wie Blitzlichtstreifen auch die professionellen Aufnahmen des Videografen zerstören können. Sprecht also mit euren Verwandten und bittet sie, die Trauung einfach zu genießen, ihre Kameras stecken zu lassen und darauf zu vertrauen, dass der engagierte Fotograf ausreichend tolle Fotos schießt, die beliebig vervielfältigt und verteilt werden können – im digitalen Zeitalter doch überhaupt kein Problem.

Der Einzug in Bild und Ton

Für die Foto- und Videoaufnahmen ist es wichtig, dass der Fotograf eine gute Sicht auf das Brautpaar hat. Gerade beim Einzug ist diese jedoch leider allzu häufig beeinträchtigt. Meist bietet sich mir das Bild, dass das Brautpaar hinter dem Priester einzieht. Womöglich noch hinter einem Tross an Gottesdienstbeteiligten wie Messdienern, Lektor etc. Kommt das Brautpaar direkt hinter dem Pfarrer in die Kirche, habe ich oft kaum die Gelegenheit, das Brautpaar in den Fokus zu rücken. Stattdessen ist der Pfarrer Hauptakteur im Bild, das Brautpaar hinter ihm nur bruchstückhaft zu sehen. Ist der Pfarrer an mir vorbei, so zieht mit wenigen Schritten auch das Brautpaar hinterher, und ich erhasche allenfalls das Paar noch schräg seitlich – also auch nicht optimal. Klärt also vorab, ob es möglich ist, dass ihr alleine einzieht. Oftmals einigt man sich mit dem Priester, dass dieser mit seinen Messdienern zuerst in die Kirche tritt, sich am Altar aufstellt und dann das Brautpaar erst feierlich ganz alleine folgt. Hier gelingen ganz wunderbare Aufnahmen von einer strahlenden Braut und ihrem Bräutigam, wie sie mit erwartungsvollen Augen auf den Altar zuschreiten.

Möchte der Pfarrer einer solchen Regelung nicht zustimmen, so achtet wenigstens beim Einzug darauf, hinter dem Pfarrer etwas Abstand zu lassen, so dass aus dieser Perspektive heraus noch gute Aufnahmen möglich sind.

Der Auszug

Es ist ein Idealbild: Das Brautpaar verlässt nun verheiratet die Kirche. Draußen warten schon alle Gäste aufgereiht, stehen Spalier oder bilden einen Kreis. Wie die frisch Vermählten durch die Türe treten, wird Reis geworfen, Seifenblasen steigen in die Luft und das Brautpaar strahlt mit der Sonne um die Wette. So also sieht das perfekte Bild nach dem Auszug aus. Für mich als Fotograf auch eine perfekte Kulisse, entstehen so doch sehr emotionale und wunderbare Aufnahmen. Doch leider entspricht dies eher selten der Realität.

In Wirklichkeit sieht es dann mehr so aus:

Das Brautpaar verlässt beim Auszug nach dem Pfarrer die Kirche. Die Gäste können sich erst dahinter einreihen. Das bedeutet zwangsläufig: Das Brautpaar tritt aus der Kirche und wird hier nur von gähnender Leere empfangen. Dann erst quetschen sich zahlreiche Gäste in Massen durch die Tür. Was also ein unvergleichlich schönes Bild hätte werden können, entpuppt sich als optisches Chaos. Die Aufnahmen wirken dann eher so, als wäre hier nichts organisiert worden.

Überlegt euch also gemeinsam mit dem Pfarrer, wie ihr es bewerkstelligen könnt, dass alle Gäste vor euch die Kirche verlassen, so dass ihr euren großen Auftritt als letzte habt. Ihr könnt beispielsweise die Gäste nach Ansage einfach bitten, vor euch auszuziehen. Oder ihr zieht durch den Kirchenraum aus und begebt euch dann erst einmal zur Sakristei, um alle notwendigen Unterschriften leisten zu können. Auch das ist in manchen Kirchen möglich oder üblich.

Hat die Kirche ein größeres Foyer, ist es auch eine gute Möglichkeit, hierin auszuziehen, sich als Brautpaar dort aufzustellen und die Gäste beim Verlassen der Kirche zu verabschieden, vielleicht hier schon erste Glückwünsche entgegenzunehmen. Haben dann alle die Kirche verlassen, könnt ihr als letzte folgen. Ihr seht also, je nach Gegebenheiten sind verschiedene Varianten möglich. Ihr könnt hier eurer Kreativität freien Lauf lassen.

Haltet Ihr Euch an die oben beschriebenen Punkte, steht Eurer emotionalen, aber gut organisierten und schönen kirchlichen Trauung nichts mehr im Wege.

5. Das Auge feiert mit – die Dekoration

An der Dekoration führt kein Weg vorbei. Sie ist ein ganz wichtiger Faktor für die Schaffung der perfekten Atmosphäre. Und genau das macht eine emotionale Hochzeit ja auch aus.

Gerade als Fotograf kenne ich die Möglichkeiten, die eine wunderbare Dekoration bietet, nur zu gut. Meist läuft der Tag nach der Trauung wie folgt ab: Das Brautpaar und die Gäste begeben sich zur Lokation. Hier treffen die Gäste meist zuerst ein, damit sie das Brautpaar auch hier gebührend empfangen können. Es ist dabei wie auch bei dem Auszug aus der Kirche. Kein Brautpaar möchte einen Raum als erstes betreten, sondern von seinen Gästen empfangen werden. Als Fotograf bemühe ich mich, ebenfalls vor dem Brautpaar an der Lokation zu sein. Zum einen, um auch hier die Ankunft des Brautpaares in Ton und Bild festzuhalten, aber auch, um die Dekoration und die Schönheit und Atmosphäre der Lokation zu fotografieren. Immer wieder stelle ich dabei fest, dass sich die Dekorationsbranche in den letzten Jahren unglaublich weiterentwickelt hat. Ob romantisch, puristisch, ausgeflippt oder modern: Zu jedem Hochzeitsstil gibt es die passende Dekoration sowie das passende Mobiliar, angefangen bei Tischen und Stühlen, bis hin zu Hussen, Tischläufern und Kerzenständern. Auch Lounge Möbel, Sofaecken eher ungewöhnliche Möbelstücke lassen sich auf Wunsch des Brautpaares aufstellen und schaffen somit eine ganz individuelle besondere Hochzeitsatmosphäre. Dazu gibt es passendes

Hochzeitsgeschirr. Die Säle versinken nahezu in frischer Blumenpracht. Neben Rosen und Lilien haben auch deutlich exotischere Blumen den Markt erobert. Dabei reicht die vorherrschende Farbpalette von Schwarz/Gold (bei Coco Chanel) bis hin zu edlem Weiß. Mittlerweile ist es sogar schon so weit, dass auf den jährlich stattfindenden Hochzeitsmessen, Trendfarben definiert werden. Da gibt es nichts, was grundsätzlich nicht möglich ist. Eine Freude also quasi für alle, die ihre Hochzeit mit üppiger Dekoration bereichern wollen.

Dabei muss das Brautpaar natürlich nicht jedes einzelne Dekorationselement selbst herankarren. Dafür gibt es professionelle Dienstleister, die spezielle Hochzeitstische und Raumgestaltungen kreieren und dann mit ganzen LKW-Ladungen anrollen, um eure Location zu eurem perfekten Ort zu machen. Jeder Wunsch kann auf diese Weise ganz unkompliziert erfüllt werden.

Aber Obacht: Auch in dieser Dienstleistungssparte gibt es professionelle Angebote und schwarze Schafe, die auf der lukrativen Hochzeitswelle mitreiten, euch dafür aber alles andere als professionelle Dienstleistung bieten. Die Erfahrung zeigt: Verschiedene Dienstleister genügen auch ganz unterschiedlichen Qualitätsansprüchen.

Die weniger professionellen Anbieter haben vor allen Dingen eines: Qualitativ minderwertige, billige Ware, die auch das hält, was der niedrige Preis verspricht. Ansprechende Dekoration ist dann zwar gewünscht, was das Brautpaar erhält, ist am Ende jedoch Ramsch. Anders lässt es sich kaum beschreiben. Sogar künstliche Blumen werden oftmals verwendet, um Geld zu sparen. Dieser Umstand wird euch vom Dienstleister auch äußerst schmackhaft gemacht. Immerhin ist das deutlich günstiger als echte Blumen zu kaufen. Und keiner sähe den Unterschied.

Das allein ist ein Irrglaube. Natürlich sind keine Kunstblumen so lebensecht gestaltet, dass sie als echte durchgehen könnten. Gäste werden Blumen immer näher begutachten, und es ist ein ganz normaler Reflex, an besonders schönen Blüten zu schnuppern. Wie peinlich ist es doch dann, wenn die Blumen unecht sind. So etwas empfindet jeder als stil- und geschmacklos. Stellt einfach mal künstliche Blumen neben echte. Der Unterschied ist gewaltig. Auch auf den Foto- und Videoaufnahmen sind Kunstblumen leider als solche zu erkennen.

Und es kommt dann in der Regel ohnehin schlimmer: Die Stoffblumen, die die meisten Dekorationsfirmen auf Lager haben, sind mehrfach gebraucht, verschlissen, verblichen, oftmals schon beschädigt. Hinzu kommen weitere Ergebnisse des Sparwahns: Billiganbieter lagern Tischläufer, Tischdecken und Stuhlkissen in irgendwelchen muffigen Kellern. So sparen sie an geeigneten Lagerräumen. Denn anders können sie die günstigen Preise kaum bewerkstelligen. Gewaschen werden aus Kostengründen so manche Sachen auch nicht. Den Mief bringen all diese Dinge mit in eure Lokation. Es gibt es ganz schauderhafte Beispiele von ungewaschenen und daher fleckigen und löchrigen Textilien. Der muffige Geruch verdirbt in solchen Fällen nicht nur den Tag selbst, sondern hält auch Einzug in eure Erinnerungen und in die eurer Gäste. In Erinnerung an eure Hochzeit wird euch stets dieser Mief begleiten.

Das Brautpaar verlässt sich natürlich auf die Aussagen der Dekorateure (oder die es behaupten zu sein) und sind nachher von der Schäbigkeit maßlos enttäuscht. Wie oft habe ich solche Paare sagen hören: „Hätten wir doch 500 Euro mehr dafür ausgegeben!"

Spart euch also diese Enttäuschung und achtet bei der Wahl eurer Dekoration und der entsprechenden Anbieter auf folgende Punkte:

Sparen ist sicher eine grundsätzlich gute Idee, doch überlegt, woran ihr sparen wollt. Wählt lieber wenig, dafür aber qualitativ Hochwertiges, als euch einen Haufen Mist andrehen zu lassen. Achtet auch hier wieder auf die notwendige Professionalität des Anbieters. Solche Dienstleister haben immer einen ansprechend gestalteten Präsentationsraum, in dem Mustertische ausgestellt sind. Diese dienen nicht nur eurer Inspiration, sondern zeugen auch von der Kunst und dem Geschmack des Anbieters. Lasst euch im Beratungsgespräch dann auch unbedingt euren Mustertisch nach euren Wünschen und Vorstellungen zusammenstellen, um einerseits zu sehen, ob der Dienstleister eure Wünsche richtig erfasst hat und andererseits, ob er sie auch zufriedenstellend umsetzen kann.

Bittet immer um Anschauungsobjekte und Stoffproben, um alle verwendeten Materialien live und in Farbe zu sehen und zu fühlen.

Entscheidet euch immer, aber auch IMMER nur für frische Blumen. Natürlich kosten diese ein paar Euro mehr als Kunstblumen, sind dafür aber jeden zusätzlichen Cent wert. Wollt ihr die Ausgaben im Blick behalten, so entscheidet euch lieber für günstigere heimische Blumen statt beispielsweise solch exotische Exemplare wie den bei Hochzeiten sehr beliebten Callas. Lieber also frische Margeriten statt künstliche Callas als Blumenschmuck verwenden. Denkt dran: Frische Blumen vermitteln Leichtigkeit, Eleganz und Stil.

Das Thema Geruch dürft ihr ruhig ansprechen. Lasst euch von den Dekorateuren auch die Lagerräume zeigen und überzeugt euch selbst vom Geruch der hier gelagerten Ware. Das ist euer gutes Recht und gibt euch Sicherheit. Ein gepflegter und ordentlicher Lagerraum ist die Visitenkarte eines solchen Dienstleisters.

Wie bereits angedeutet: Weniger ist oft mehr. Viele schöne Locations werden mit Dekoration überladen, weil das Brautpaar sich zwischen all den Möglichkeiten nur schwer entscheiden konnte und einfach alles genommen hat. Vollgestopft verliert leider jede Lokalität an Flair. Gäste fühlen sich dabei oft eingeengt. Tische, die mit Vasen, Blumen, Dekoration und Läuferchen vollgestellt werden, wobei oftmals auch noch sich beißende Stile (z. B. antike Engelfiguren und ultramoderne Design-Kerzenständer) zum Einsatz kommen, bieten wenig Platz, und die Gäste müssen ständig befürchten, etwas umzuwerfen. Dabei bleibt es bei einem solchen Übermaß an Dekoration nicht aus, dass etwas im Eifer des Gefechts kaputtgeht. Dies ergeben weitere Ausgaben, da das Brautpaar in der Regel für entstandenen Schaden haftet. (Im Vorfeld daher auch bitte immer klären, wie mit Schäden umgegangen wird.)

Einige wenige, ausgesuchte und dafür hochwertige, exquisite Dekoelemente sind es schließlich, die eurer Lokation den gewünschten Charme geben, an den man sich gerne erinnern wird.

6. Hinter dem Mikro – von echten Rampensäuen und Mauerblümchen

Man stelle sich folgendes Szenario vor: Das Brautpaar kommt in seinem schicken Oldtimer vorgefahren, die Gäste bilden indes einen Korridor aus Rosen und Luftballons. Der Wagen hält an, und das Brautpaar steigt unter tosendem Applaus seiner Gäste aus. Ein wunderbarer Moment – wäre da nicht das Einsetzen der unangenehmen piepsigen Stimme der Moderatorin. Und während man sich an dieser Stelle noch überlegt, wie unerträglich diese Stimme ist, wird einem klar, dass man gezwungen sein wird, dieser Stimme noch weiteren acht Stunden zuzuhören. Das klingt an dieser Stelle vielleicht lustig, ist es aber tatsächlich nicht. Die meisten machen sich kaum ein Bild davon, wie unangenehm es ist, einen ganzen Abend lang einer Stimme zuzuhören, die man nicht mag.

Moderatoren bilden mittlerweile einen recht typischen Bestandteil einer Hochzeit. Sie sind im Grunde auch sehr praktisch: Sie führen durch den Abend, leiten das Programm, machen Ankündigungen und stellen auch Gäste vor. Das ist besonders gut für all jene, die sich selbst nicht zum Sprechen berufen fühlen oder sich einfach auch mal gerne nur zurücklehnen.

Nun glauben sicher viele, eine Stimme unterliege einer subjektiven Einschätzung, was bedeutet, dass ich diese vielleicht als einziger unangenehm finde. Doch tatsächlich komme ich auf Hochzeitsfeiern sehr oft mit den Gästen ins Gespräch, die mir ebenfalls das gleiche Empfinden rückmelden. So fallen dann Aussagen wie die eines Gastes, der mir erst neulich mit einem Zwinkern zuraunte: „Ich gehe lieber eine rauchen, ich kann es mir nicht mehr anhören."

Wenn ihr euch für einen Moderator entschließen solltet, so ist dies grundsätzlich eine recht gute Entscheidung. Doch in dem Fall müsst ihr auch sichergehen, dass ihr eine gute Wahl trefft. Mit einem guten Moderator steht und fällt euer Fest. Ein schlechter Moderator hingegen kann die gesamte Stimmung ruinieren. Das fällt dann unter die Rubrik: „Gewollt und nicht gekonnt."

Ich empfehle daher meinen Kunden immer, bei der Auswahl der Moderatoren (oder eben der Moderatorin) ganz bewusst auf die Stimme zu achten. Ganz gut gelingt dies beim ersten Telefonat, bei dem man von der Person nicht abgelenkt wird. Hört genau hin und entscheidet ganz nach Bauchgefühl und Empfinden, wie angenehm die Stimme für euch klingt. Achtet dabei auch auf die Art und Weise, wie der Moderator spricht, wie er sich ausdrückt. Auch hier muss der Stil zum Gesamtbild passen. Eine gediegene Hochzeit, bei der womöglich auch einige illustre und gebildete Gäste anwesend sind, braucht einen Moderator, der sich diesem Niveau auch sprachlich anpasst. Eine eher rustikalere Hochzeit hingegen profitiert von einem Moderator, der auch etwas forscher klingt und pfiffig ist.

Ganz wichtig ist auch die Redegeschwindigkeit. Auch hierauf sollltet ihr ein Augenmerk legen. Wenn es möglich ist, hört euch den Moderator in einer authentischen Situation an, in der er durch ein Mikrophon in einem größeren Saal spricht. Die Akustik ist hierbei ganz anders als bei einem persönlichen Gespräch, und man kann besser beurteilen, ob die Redegeschwindigkeit grundsätzlich passt. Wichtig ist dies, weil gerade die Geschwindigkeit entscheidend dafür ist, wie gut oder eben auch schlecht die Gäste dem Moderator folgen können. Spricht er zu schnell, versteht man nichts oder kann dem Inhalt nur schwer folgen. Spricht der Moderator zu langsam, wirkt die Rede schnell einschläfernd und langweilig.

Unabhängig von der Stimme ist aber auch das äußere Erscheinungsbild von Bedeutung. Und mehr noch: Der Moderator muss sich souverän vor den Gästen sowie vor der Kamera bewegen können, um seinen Job gut zu machen.

Eine Anekdote am Rande: So habe ich einmal eine Hochzeit erlebt, bei der die Moderatorin mich gleich zu Beginn darum bat, nicht gefilmt oder fotografiert zu werden, weil sie der Meinung war, sie sähe nicht so repräsentabel aus. Der ganze Abend verlief auch so, dass sie sich permanent vor der Kamera versteckte und aus Ecken moderierte, in denen sie nicht ganz so im Blickfeld stand. Für die Gäste ist es mehr als befremdlich, wenn eine Stimme aus dem Nichts erklingt, und so entstand eigentlich ständig Unruhe, weil die meisten beim Ansetzen der Moderation derart damit beschäftigt waren, ihre Hälse nach der sprechenden Person zu verrenken, dass sie dem Inhalt ihrer Ansage gar nicht richtig folgten.

So etwas ist einfach unsinnig. Ganz klar: Ein guter Moderator bzw. eine gute Moderatorin muss eine echte Rampensau sein. Es spielt keine Rolle, ob sie das Aussehen eines Models haben. Doch gute Moderatoren müssen sich in der Öffentlichkeit vor zig Gästen einfach souverän bewegen und auch auf den Filmaufnahmen eine gute Figur machen. Sonst ist dieses Honorar wirklich verschwendetes Geld.

Natürlich muss es nicht auf jeder Hochzeit so laufen, und auch hier will ich keine Panik verbreiten. Doch wenn ihr bei der Auswahl eures Moderators auf einige wenige, jedoch wichtige Aspekte achtet, minimiert ihr das Risiko einer solchen Blamage. Wenn ihr also das erste Gespräch mit dem potenziellen Moderator führt, achtet nicht nur auf die Stimme, sondern beobachtet auch, wie sich der Mensch gibt. In der Regel gibt es als Referenz Videoaufnahmen vergangener Präsentationen. Achtet beim Betrachten darauf, wie der Moderator sich vor der Kamera und vor dem Publikum verhält. Zeigt er oder sie offensichtliche Unsicherheiten? Wirkt er/sie fahrig, läuft womöglich vor sichtbarer Aufregung wie ein aufgescheuchtes Huhn hin und her? Dann könnt ihr nicht damit rechnen, dass er/sie seinen/ihren Auftritt souverän meistern wird. Vielmehr muss ein guter Moderator sich sichtbar wohl in seiner Rolle fühlen und den Auftritt regelrecht genießen. Achtet dabei auch auf die Gestik. Zu wenig wirkt langweilig. Mit hängenden Armen erscheint die ganze Ansprache gleich witzlos, der Mensch steht vor dem Publikum wie bestellt und nicht abgeholt. Wildes Gestikulieren allerdings wirkt unruhig und lenkt vom eigentlichen Inhalt ab. Ihr habt die Möglichkeit, euch den Moderator vorher in Aktion anzusehen – entscheidet nach eurem Empfinden, ob ihr es angenehm findet, diesem Menschen beim Sprechen zuzuhören und auch zuzusehen.

Music is in the air

Apropos Mikrophon: In den meisten Fällen ist der Moderator kein eigenständiger Dienstleister, sondern Mitglied der gebuchten Musikband, der Alleinunterhalter oder auch der DJ. Zwei Funktionen in einem – das erfordert einen echten Allrounder.

Und damit wären wir beim nächsten ungemein wichtigen Punkt: der musikalischen Gestaltung eures großen Tags. Ihr wisst ja selbst, dass die Musik die Stimmung einer jeden Party maßgeblich prägt. Ist die Musikauswahl schlecht oder der Künstler, die diese darbietet, so werden die Gäste wenig Lust bekommen, zu tanzen. Dann ist Langeweile und schneller Aufbruch fasst schon vorprogrammiert.

Ob Band, DJ oder Alleinunterhalter: Ein guter Musiker hat ein großes Repertoire, das es ihm ermöglicht, auch spontan auf die Stimmung und Musikwünsche der Gäste einzugehen. Das was er tut, muss er einfach gut machen.

Das heißt, eine Band sollte einfach aus guten Musikern bestehen, die tolle Stimmen haben. Ein Alleinunterhalter sollte eben genau das hervorragend können: das Publikum ganz alleine bestens unterhalten. Und ein DJ lebt von der großen Auswahl an CDs und die Fähigkeit, diese gut abgestimmt abzuspielen.

Eigentlich versteht es sich ja von selbst, dass ihr euch im Vorfeld von der Qualität des Musikers überzeugt. Dennoch habe ich es allzu oft erlebt, dass eine Hochzeit von einem schlechten Musiker regelrecht gesprengt wurde. Da spielen Menschen, die selbst für meine Ohren ganz deutlich hörbar kein Gesangstalent besitzen. Oftmals werden schwierige Stücke dann von angeblichen Live-Künstlern als Playback abgespielt, was ein regelrechtes Armutszeugnis ist und eher die Belustigung der Gäste hervorruft, als dass sie gut unterhalten werden. Es ist auch schon vorgekommen, dass der Musiker ein sehr beschränktes Repertoire mitbrachte, was er dadurch kaschierte, dass er spätestens nach jedem zweiten Stück erst einmal eine halbe Stunde Pause einlegte und es somit schaffte, einen ganzen Abend mit wenigen Liedern zu überbrücken. Wenn eure Gäste Musikwünsche haben, die fast mit 90% Wahrscheinlichkeit nicht erfüllt werden können, ist dies ebenfalls sehr frustrierend. Ihr müsst euch also wirklich vergewissern, dass der Musiker oder die Band, den/die ihr zu engagieren gedenkt, auch wirklich sein/ihr Geld wert ist.

Verlasst euch bei der Wahl des Musikers niemals auf eine gelungene Webseite oder auf ein Präsentationsvideo.

Beides ist schnell professionell erstellt, gibt aber die Live-Qualität nicht wieder. Bilder und Videos kann man bearbeiten (wer wüsste das besser als ich), Tonaufnahmen können am PC optimiert werden, und erzählen kann ein Dienstleister viel von seinen Qualitäten. Entscheidet euch immer nur für einen Musiker, gleich welcher Art, den ihr entweder live selbst erleben durftet, oder der euch mehrfach empfohlen wurde. Am besten ist es, diese Empfehlungen kommen von Menschen, die euch persönlich bekannt sind. Denn anonyme Referenzen auf irgendwelchen Webseiten können selbst erstellt worden sein oder eben auch von getreuen Anhängern dieses Musikers stammen.

Beim Erstgespräch mit dem Entertainer ist es wichtig, alle Aspekte zu berücksichtigen, die entscheidend sind. Welche Technik wird beispielsweise verwendet? Ich erlebe es leider sehr häufig, dass teilweise veraltetes oder recht billiges Equipment zum Einsatz kommt. Entsprechend schlecht ist die Tonqualität. Lautsprecher, die knarren und kratzen, sind denkbar unangenehm. Die technische Ausrüstung ist schließlich unverzichtbares Handwerkszeug aller Musiker. Auch ist im Gespräch oder bei einem Test darauf zu achten, dass der Musiker die technische Voraussetzung erfüllt, um eure Lokation auch entsprechend zu beschallen. Große Säle verlangen dabei ganz andere Lautstärker als kleine. Die kleineren Räume sollten überdies auch entsprechend zurückhaltend beschallt werden. Auch das gelingt nicht immer. Klärt auch, ob der Musiker eine entsprechende Lichtanlage stellen kann, um die Tanzfläche auszuleuchten.

Unabhängig von der technischen Qualität sollte der Arbeitsplatz des Musikers auch nach was aussehen. Es verdirbt euch die gesamte Atmosphäre, wenn inmitten eurer prachtvollen, barocken Hochzeitsdekoration ein wüster Tisch mit Kabelsalat und Boxenchaos steht. Professionelle Dienstleister bringen immer auch passende Hussen und Tücher mit, um unschöne Kabel und Stecker zu kaschieren und auch die Musikabteilung entsprechend angenehm ins Gesamtbild einzufügen.

Wie bereits erwähnt, sollte das Repertoire sehr groß und vielseitig sein. Der Abend bzw. die Nacht kann lang werden, und dabei sollte kein Lied zweimal erklingen. In der Regel sprechen Brautpaare ihre Musikwünsche im Vorfeld mit den Musikern ab. Nichts desto trotz solltet ihr flexibel sein, wenn eure Gäste im Laufe des Abends vielleicht in eine andere Richtung tendieren. Und ebenso flexibel sollten die Musiker agieren können. Wenn also beispielsweise das Brautpaar sich vorwiegend Latin Pop als Musik gewünscht hat, ein Großteil der Gäste am Abend dann jedoch bei Schlagern in Fahrt gerät, sollte ein guter DJ (um nur ein Beispiel zu nennen) auch in der Lage sein, spontan Helene Fischer aufzulegen. Gute Musiker (egal ob sie nur auflegen oder selbst live spielen) beweisen Fingerspitzengefühl und finden eine gesunde Mischung aus dem, was sich das Brautpaar wünscht und was die Gäste so richtig in Stimmung bringt.

Im Flow bleiben

Die meisten Brautpaare haben Angst, dass der Abend an irgendeinem Punkt langweilig werden könnte. Daher packen sie den Abend mit möglichst vielen Spielen und Aktionen voll. Aus meiner Erfahrung heraus kann ich nur davon abraten, allzu viel in das Programm zu stopfen. Denkt daran: Eure Gäste wollen den Abend auch einfach genießen. Sie wollen sich in Ruhe unterhalten, essen und auch mal nach Lust und Laune tanzen. Ich habe zu viele Hochzeiten erlebt, bei denen es ständig Spiele und Aktionen gab und dadurch die Gäste regelrecht in Stress versetzt wurden. Auch auf der Tanzfläche kommt nur schwer Stimmung auf, wenn die Gäste ständig beim ausgelassenen Feiern vom nächsten Programmpunkt unterbrochen werden. Ein paar wenige Spiele oder eine kleine lustige Aktion zur Auflockerung sind vielleicht nicht schlecht. In der Regel haben gute Musiker so etwas auch in petto. Aber übertreibt es nicht und bleibt auch hier möglichst spontan und flexibel. Schaut einfach, wie die Stimmung ist, und amüsieren sich die Gäste sichtbar, lasst ruhig auch mal einen überflüssigen Programmpunkt unter den Tisch fallen. Auch für euch ist das deutlich entspannter.

Kein Gläschen zu viel

Besprecht mit sämtlichen Dienstleistern – nicht nur mit den Musikern und Moderatoren – den möglichen

Alkoholkonsum. Gegen ein erfrischendes Bier oder ein Gläschen Sekt ist nichts einzuwenden. Doch leider erlebe ich es immer wieder, dass Musiker, Moderatoren und auch andere Dienstleister dies ausnutzen und sich im Laufe des Abends dann doch das eine oder andere Glas zu viel gönnen. Denkt daran: Sie sind bei der Arbeit. Gestattet ihnen also nur den Alkoholkonsum, den ihr selbst in eurem Büro oder am Arbeitsplatz verantworten könntet. Glaubt mir: Nichts kann eure Hochzeit derart ruinieren wie betrunkene Dienstleister, die nicht mehr imstande sind, ihren Job richtig zu machen oder betrunken ins Mikrophon lallen. Regelt diese Situation, bevor das Kind in den Brunnen bzw. ins Weinglas gefallen ist.

7. Liebe geht durch den Magen – das Catering

Es gibt, wie ihr bereits festgestellt haben solltet, einige Eckpfeiler, die den Erfolg eures Festes ausmachen. Mit Erfolg meine ich, dass ihr wie auch die Gäste am nächsten Tag sagen könnt: Das war ein fantastisches Fest! Und dass ihr euch auch Jahre später noch mit ausschließlich positiven Gefühlen an diese Feier zurückerinnert.

Einer dieser wichtigen Eckpfeiler ist das Catering. Bekommen Brautpaar und Gäste an dem Tag nichts Gutes zu essen, sinkt auch die Meinung, die man über das ganze Fest hat. Es muss also hervorragend für das leibliche Wohl gesorgt sein. Je besser die Gäste gegessen und getrunken haben, umso ausgelassener und positiver ist die Stimmung.

Umso erstaunlicher finde ich es, dass viele Brautpaare mit diesem Thema sehr nachlässig umgehen. Dabei gibt es bei der Planung nur wenige Punkte, die ihr abarbeiten und berücksichtigen müsst, damit eure Hochzeit auch kulinarisch ein voller Erfolg wird.

Das Auge isst nur mit

In den meisten Fällen entscheiden sich die Brautleute für ein Büffet. Das ist auch das Praktischste, weil jeder Gast aus einer größeren Auswahl das wählen kann, was er möchte und auch die Menge individuell steuert. Bei einem Menü hingegen sind die Gäste gezwungen das zu essen, was ihnen serviert wird. Die meisten mögen diese Variante eher weniger. Für euch als Gastgeber ist ein Büffet ab einer Gästezahl von rund 80 Personen auf jeden Fall die sinnvollere Alternative, nicht nur wegen des vielseitigen Angebots. Eine so große Gästezahl per Menü oder à la carte zu bedienen, ist aufwändig und bedürfte zu viel Personal. Die Gefahr ist groß, dass nicht alle gleichzeitig essen können. Nur bei kleineren Runden bietet sich das Servieren eines Menüs oder das Bestellen von der Karte wirklich an.

Büffets werden dementsprechend üppig und optisch ansprechend aufgebaut. Da gibt es meist wenig zu meckern. So gibt es meist ein sehr vielseitiges Angebot. Die Gäste können wählen aus verschiedenen Fleischsorten und Beilagen, einem opulenten Salatbüffet und sogar ausgefalleneren Spezialitäten wie Meeresfrüchte, angefangen bei Hummer bis hin zur Haifischflosse.

Auch dem Auge wird dabei viel geboten: Dekoriert wird mit Früchten und Blüten, dazu angemessen schickem Gedeck. Doch das Auge isst nur mit, worauf es ankommt, ist immer noch, wie das Ganze nachher mundet. Und dem Gaumen wird leider nicht immer so viel geboten wie dem Auge. Hier trennt sich Spreu vom Weizen. Einige selbsternannte Kochprofis beherrschen die hohe Kochkunst leider nicht wirklich. So sind die schön dekorierten und dargebotenen Speisen häufig übersalzen, alternativ zu wenig gewürzt, zu fettig, zu trocken, zu zäh, nicht gar, zu lange gegart oder haben die falsche Konsistenz. Die Palette an Missgeschicken in der Küche ist lang.

Ein weiteres Problem ist die Frische der Speise. Oder vielmehr die fehlende Frische. Nicht selten merkt man beim Essen, dass Speisen allzu offensichtlich bereits zwei bis drei Tage vor der Hochzeit zubereitet und im Kühlschrank gelagert wurden. Dies beobachte ich besonders oft bei frittierten Speisen wie Tintenfischringen, Garnelen, Hühnerkeulen oder auch bei Salaten. Das Essen wird dann lasch, verliert an Knusprigkeit, Knackigkeit und Aroma. Die Speisen nehmen den Geruch der Kühltruhen an. (Umso garstiger, wenn diese nicht regelmäßig gereinigt werden), und es bildet sich häufig eine glitschige Schicht auf der Oberfläche.

Wenn der Gaumen derart beleidigt wird, ist das eines. Doch gerade diese mangelnde Frische und fehlende Hygiene sorgen oft dafür, dass es unschöne Folgen gibt. Immer wieder kommt es vor, dass sowohl wir Dienstleister, die mit am Büffet verköstigt werden, als auch die Gäste im Anschluss an das Mahl an Bauchschmerzen und Übelkeit leiden. Ich persönlich bin da bereits ein oft gebranntes Kind und achte bei jeder Hochzeit umso mehr darauf, was auf meinem Teller landet und was nicht.

Dabei muss dies nun wirklich nicht sein. Ich habe in meiner beruflichen Laufbahn zahlreiche Caterer kennenlernen dürfen und kenne sehr professionelle, bei denen ich bedenkenlos alles essen würde. Ich weiß: Diese legen sowohl auf Geschmack als auch auf die Qualität ihrer Speisen höchsten Wert und sparen nicht am falschen Ende, um den eigenen Profit zu erhöhen.

Die Hygiene

Es ist fast schon skandalös, dass man das an dieser Stelle überhaupt erwähnen muss. Aber: In der Gastronomie müsste das Thema Hygiene das A und O sein. Restaurants unterliegen daher sehr strengen Kontrollen. Caterer entgehen diesen, und nicht alle nehmen das Thema ernst.

Ich weiß, wovon ich spreche: Als Fotografen nutzen wir Hochzeiten häufig, um auch mit anderen Dienstleistern dieser Branche ins Gespräch zu kommen. Dabei werfen wir häufig auch einen Blick in die Küche. Die Szenarien, die einem dort geboten werden, schlagen nicht selten unmittelbar auf den Magen. Eine Angestellte steht dort beispielsweise mit verwaschenen Leggins und einem schmutzigen T-Shirt. Die Haare hängen offen ins Gesicht. Da es in der Küche warm ist, perlen die Schweißtropfen nur so an ihr herunter. Sie wischt sich mit den Händen – die natürlich nicht in Handschuhen stecken – über das schweißnasse Gesicht und fährt fort, mit genau diesen Händen die Speisen zuzubereiten.

Das habe ich mir nicht ausgedacht, sondern es handelt sich um ein reales Bild, das sich leider nur zu genau in meinem Gedächtnis eingebrannt hat.

Und auch wenn es an dieser Stelle nicht gerne gelesen

wird: Es kommt immer wieder vor, dass ich bei dem Toilettengang andere Dienstleister dort antreffe. Ein Koch, der die Kabine verlässt, ohne sich danach die Hände zu waschen, und wieder an die Arbeit geht, beweist damit nicht nur eine schlechte Erziehung, sondern eine katastrophale Einstellung zur Hygiene am Arbeitsplatz. Wollt ihr etwas essen, was von diesen Händen zubereitet wurde? Ich verzichte in solchen Fällen gerne darauf.

Die Arbeitskleidung

Das Thema Hygiene führt unweigerlich zum nächsten Punkt: der Arbeitskleidung. Für alle Bediensteten in der Küche ist geeignete Hygienekleidung, Haarschutz und Handschuhe Vorschrift und absolutes Muss. Dabei gibt es auch faule Eier, die im Auge behalten werden müssen, weil sie zwar in angemessener Arbeitskleidung vor das Brautpaar und die Gäste treten, dann aber diese in der Küche gegen unhygienische Freizeitkleidung eintauschen, weil es hier ja niemandem auffällt.

Arbeitskleidung ist jedoch nicht nur ein Thema, wenn es um Hygiene geht. Angemessene Kleidung ist für jeden Dienstleister einer Hochzeit ein unerlässlicher Aspekt. Als Fotograf geziemt es sich für mich auch nicht, in Bermuda-Shorts und Sandalen zu einer Hochzeit zu kommen. Gute Musiker tragen ebenfalls entsprechende Outfits. Und wichtig ist eben auch die Arbeitskleidung bei denjenigen, welche die Bedienung der Gäste übernehmen. Wer den

Gästen die Getränke und womöglich das Essen serviert, sollte sauber und gepflegt auftreten. Die Kleidung sollte dezent und auch dem Anlass angemessen sein. Gerade bei einer sehr festlichen Hochzeit in luxuriösem Rahmen ist es ein No Go, wenn die Kellner beispielsweise keine weißen Hemden tragen. Damit das Gesamtbild stimmt, solltet ihr dieses also immer im Vorfeld ansprechen. Auch, dass alle Bediensteten das Gleiche tragen, um ein einheitliches Bild zu erzeugen.

Die Bewirtung der anderen Dienstleister

Fotografen, Musiker und andere anwesenden Dienstleister wollen natürlich auch was essen. In der Regel werden wir über das Büffet oder das geplante Menü mitversorgt. Dafür zahlt das Brautpaar nicht weniger als für die übrigen Gäste. Die Dienstleistung, die uns dann jedoch zuteilwird, ist deutlich geringer. Man widmet uns nicht dieselbe Aufmerksamkeit wie den anderen Gästen. Oft höre ich dann Aussagen wie „Ihr seid ja schließlich nicht zum Essen hier." Das stimmt zwar, doch ist dabei eines zu bedenken: Tische der Dienstleister wie Fotografen werden nicht wie die übrigen sauber ein- und abgedeckt. Es ist kein schönes Bild, wenn sich im festlichen Saal an irgendeinem Tisch die schmutzigen Teller stapeln. Da ist es zweitrangig, wer da letzten Endes gesessen hat. Und auf diesem schmutzigen Platz bleibt dann auch das Brautpaar am Ende „sitzen", weil sich im Laufe des Abends niemand dafür verantwortlich fühlte.

Außerdem: Je besser eure Dienstleister versorgt werden, umso freudiger gehen wir an die Arbeit. Für die Gesamtstimmung ist es einfach besser, wenn die Zusammenarbeit in allen Bereichen harmonisch ist.

Noch ein kleiner Hinweis zum Thema Abräumen: Ist euch schon einmal aufgefallen, wie mancherorts Tische abgeräumt werden? Nicht selten läuft das Personal die Tische mit einem Rollwagen ab. Auf diesem werden die schmutzigen Teller gestapelt. Essensreste werden in einen hässlichen Eimer gekippt, der dann mit dem ganzen Unrat durch den Saal gekarrt wird. Lecker sieht anders aus, und zu eurem festlichen Hochzeitsflair passt das ganz sicher nicht.

Wenn ihr dann auch noch eine Bedienungskraft habt, die sich nicht aufmerksam um die Gäste kümmert und somit ständig Leute vor leeren Gläsern oder schmutzigen Tellern hocken, ist so ziemlich alles schiefgelaufen, was in diesem Bereich schieflaufen kann.

Gute Vorbereitung hätte auch im Hinblick auf den Caterer so manches kulinarische Unheil verhindert.

Ich rate euch, folgende Punkte zu beherzigen:

Bevor ihr euch für einen Caterer entscheidet, müsst ihr nicht nur ein sehr ausführliches Beratungsgespräch mit ihm führen, sondern auch unbedingt auf ein Probeessen bestehen. Wenn ihr euren eigenen Gaumen befragt, werdet ihr feststellen, ob der Koch tatsächlich kochen kann. Seht euch auch den Caterer/Koch etc. dabei an. Sieht er bei diesem Probeessen so aus, als wäre er eben erst dem Bett entstiegen, könnt ihr davon ausgehen, dass es bei eurer Hochzeit genauso sein wird.

Scheut euch nicht, das Thema Hygiene anzusprechen. Lasst euch die Arbeitskleidung, die Küche und die Lagerräume zeigen und besteht darauf, dass die Hygienevorschriften eingehalten und die Arbeitskleidung auch getragen werden. Betont dabei, dass keiner aus dem Personal in normaler Freizeitkleidung herumläuft und wie wichtig euch ein angemessenes, einheitliches Erscheinungsbild ist.

Fragt gezielt danach, wo die Lebensmittel eingekauft werden und inwieweit sich der Caterer von der Qualität und Frische überzeugt. Fragt weiter, wann die Speisen zubereitet und wie sie gelagert werden. Natürlich sollte auch im Saal eine entsprechende Kühl- oder Warmhaltegelegenheit sein, damit nicht das Essen vorschnell erkaltet, während der Nachtisch in der warmen Luft gerinnt.

Ferner gilt es zu klären, wie der Ablauf sein wird und wie dieser eingehalten werden kann. Wird alles pünktlich serviert oder kann es zu Verspätungen kommen?

Was genau umfasst die Dienstleistung, und was muss von euch besorgt werden? Kuchen, Nachtisch oder auch Getränke gehören nicht immer zum Portfolio. So ist es wichtig, vorher zu klären, was genau im Lieferumfang enthalten ist und was eventuell durch einen anderen Anbieter geliefert werden muss (beispielsweise die Hochzeitstorte). Je mehr das Angebot des Caterers umfasst, desto besser und stressfreier ist es für euch.

Zum Stichwort Bedienung ist unbedingt zu klären, wie viele Personen im Einsatz sind. Zwei Bedienstete, die beispielsweise für rund 100 Gäste sorgen müssen, sind utopisch. Das kann nicht gutgehen, es werden sicher viele zu lange vor leeren Gläsern sitzen bleiben. Es ist unbedingt Aufgabe des Caterers, hier für ausreichend Kräfte zu sorgen. Umfasst das Catering überhaupt kein Personal, das an den Tischen bedient, so solltet ihr unbedingt selbst welche anheuern. Es ist mühsam für Gäste, wenn sie selbst für jedes Glas aufstehen und an die Theke gehen müssen. Dort bildet sich schnell Stau, und die meisten kommen dann gar nicht wirklich zur Ruhe und dazu, den Abend rundum zu genießen.

Die beste Methode einen wirklich guten und professionellen Caterer zu finden ist auch hier die Orientierung nach mehrfacher persönlicher Empfehlung und bestenfalls die eigene positive Erfahrung.

.

8. Die Dinge aus meiner Sicht betrachtet – Der Fotograf

Nun sind wir auch fast am Ende des Buches angelangt. Ich hoffe, ich konnte euch mit meiner ehrlichen Meinung und der sehr vielseitigen Erfahrung als langjähriger Hochzeitsfotograf und Videograf all das aufzeigen, worauf ihr bei der Auswahl der Dienstleister und bei der Planung eurer Hochzeit besonders achten solltet.

Ich weiß, dass ich stellenweise ordentlich „vom Leder gezogen" und Punkte aufgezeigt habe, über die Brautpaare nicht gerne nachdenken und die betroffenen Dienstleister noch weniger gerne reden. Getroffene Hunde bellen, und der Grund, weshalb diese Dinge fast schon Tabuthemen sind, ist, dass sie den Betroffenen unangenehm und peinlich sind. Sie werden nur zu gerne unter den Teppich gekehrt. Wer sie anspricht, bekommt schnell den Vorwurf, unter der Gürtellinie zuzuschlagen. Zumal eine Krähe der anderen kein Auge aushakt und niemanden vor der potenziellen Kundschaft diffamieren sollte. Dem stimme ich auch grundsätzlich zu, aber dennoch sollte das nicht auf Kosten des Brautpaares geschehen. Ich bin mir sicher, ihr habt beim lesen dieses Buchs mehr als einmal geschluckt und seid regelrecht aus den Wolken gefallen. Ich bin jedoch der Meinung, diese Dinge mussten gesagt werden, damit deutlich wird, wie sehr der erste Schein trügen kann und wie viel mehr dahintersteht und vor allen Dingen für euch davon abhängt.

All diese Dinge habe ich aus der Sicht eines Fotografen geschildert, der sehr vieles auf unzähligen Hochzeiten mitbekommt und daraus lernt. Das heißt natürlich nicht, dass auch bei der Auswahl des Fotografen viel mehr Aspekte berücksichtigt werden sollten als nur die Frage, wie gut das Endergebnis, nämlich die Foto- und Videoaufnahmen ist.

Auch hier gilt, der Hochzeitsfotograf und Videograf sollte Euren gewünschten Stil übernehmen und in seine Arbeit miteinfließen lassen. Dabei ist es notwendig, sich auch mit seiner Arbeitsweise auseinander zu setzen. Wie bei allen anderen Dienstleistern rate ich euch davon ab, nur auf den Preis des Fotografen zu achten. Ein guter Dienstleister ist für wenig Geld fast nicht zu bekommen. Das ist richtig. Qualität hat nun einmal ihren Preis. Doch auch ein hoher Preis garantiert euch nicht automatisch eine entsprechend qualitativ hochwertige Arbeit. Wählt also euren Fotografen wie alle übrigen Dienstleister aus: mit Sorgfalt, nach guten Empfehlungen und unter Berücksichtigung aller angesprochenen Aspekte.

Einige Punkte wie z .B. die Hochzeitstorte, die Papeterie etc. habe ich in diesem Buch nicht erwähnt, obwohl diese natürlich auch ein Thema wären. Grund dafür ist, dass ich in diese Bereiche als Fotograf zu wenig Einblick habe, um euch hier wirklich etwas aus einem wertvollen Erfahrungsschatz schildern zu können. Außerdem kann es tatsächlich sein, dass der ein oder andere Aspekt von mir nicht angesprochen wurde, weil ich tatsächlich hierbei keine negativen Erlebnisse vorbringen kann und daher für euch keine Schwierigkeiten sehe.

Sollten andere Dienstleister der Hochzeitsbranche dieses Buch in die Hände bekommen, so werden sich viele auf den Schlips getreten fühlen und in unangenehmer Weise wiedererkennen. Seht dieses einfach als Chance, euch zu verbessern und die Ergebnisse eurer Arbeit einfach mal aus einer anderen Perspektive zu betrachten. So kann euch das Buch vielleicht eine kleine Hilfe sein, um eure Dienstleistung auf eine professionelle Ebene zu bringen und somit Brautpaaren zukünftig die bestmögliche Qualität bieten zu können.

Ich hoffe, allen Brautpaaren viele wertvolle Tipps gegeben zu haben. Somit bleibt mir nur, euch viel Erfolg und auch wirklich viel Freude bei eurer Hochzeitsplanung zu wünschen. Startet durch und werft euch in das berauschende Getümmel dieser dennoch sehr wundervollen Branche. Nun steht eurer Hochzeitsplanung nichts mehr im Weg.

Danksagung

Ich danke allen, die mich im Laufe der Jahre bei meiner Arbeit unterstützt und inspiriert haben. Danke auch für die vielen positiven Erfahrungen, die ich durch wirklich gute und professionelle Dienstleister sammeln durfte.

Ein besonderer Dank geht an meine liebe Frau Ada Jungblut, die mich beim Schreiben dieses Buches – von der ersten bis zur letzten Seite – unterstützt und mir dabei viele Denkanstöße gegeben hat. Sie ist stets an meiner Seite und auch dafür verantwortlich, dass ich mich überhaupt erst dazu entschlossen habe, meine Erfahrungen zu Papier zu bringen.

„GEMEINSAM SCHAFFEN WIR ALLES". Das ist eine ihrer Aussagen, die mich immer wieder vorantreiben, mir Kraft geben und mich zu Höchstleistungen anspornen.